真実を貫《つらぬ》く

人類の進むべき未来

大川隆法
Ryuho Okawa

真実を貫く　目次

第1章　真実を貫《つらぬ》く

二〇二二年十一月二十日　説法《せっぽう》
徳島県・幸福の科学 別格本山《ほんざん》・聖地エル・カンターレ生誕館にて

第2章　宗教の本道《ほんどう》を歩む

二〇二二年十二月六日　説法
埼玉《さいたま》県・さいたまスーパーアリーナにて

3

世界宗教として正しさを訴《うった》え続ける幸福の科学　92

4　「宗教の本道」を歩むためには　114

第3章　地球の危機を乗り越《こ》えるために

――『地獄の法』講義――

二〇二三年一月八日　説法
東京都・幸福の科学 東京正心館《しょうしんかん》にて

5

本書には、幸福の科学・大川隆法総裁が別格本山《ほんざん》・聖地エル・カンターレ生誕館で二〇二二年十一月二十日に説かれた「真実を貫《つらぬ》く」、さいたまスーパーアリーナで同年十二月六日に説かれた「宗教の本道《ほんどう》を歩む」、および東京正心館《しょうしんかん》で二〇二三年一月八日に説かれた「『地獄《じごく》の法』講義」が収録されています。

第1章

真実を貫《つらぬ》く

二〇二二年十一月二十日　説法《せっぽう》

徳島県・幸福の科学　別格本山《ほんざん》・聖地エル・カンターレ生誕館にて

1　「現時点で私が真実だと思うこと」を述べる

「地獄《じごく》対処法」が書いてある『地獄の法』は必読書

今回で、初転法輪《しょてんぼうりん》（記念日としては）三十六回目になります。あっという間ではありました。

今、三十年ほど前に話をした講演会等のビデオが、支部でかかっているようで、私も何本か観《み》たのですけれども、体力も気力もあって、やはり三十代はいいものです。ただ、いいことはいいけれども、「ちょっと枯《か》れてくるのもいいのかな」という気もしています。

今日、本会場（別格本山・聖地エル・カンターレ生誕館）に集まったみなさまがたの平均年齢《ねんれい》が五十九・三歳《さい》というので、これは、「若い人の恋《こい》の話」では許してくれないレベルでしょう（編集注。講演前に楽曲「十年目の君・十年目の恋」が披露された）。

人生の、あらかたのいろいろな出来事は経験がもう終わったみなさまがたで、〝今さら生き方を聴《き》いても、もう手遅《ておく》れ〟と言ってはよくないけれども（会場笑）、〝やや遅れ気味〟であって、「来世《らいせ》に持ち越《こ》しに入るかな」というあたりなのかと思っています。

来年（二〇二三年）に向けて、『地獄《じごく》の法』（幸福の科学出版刊）というものを出します。これは、非常に大事な本です。ぜひ、棺桶《かんおけ》のなかに入れていってください。できたら生きているうちに読んでおいてほしいのですけれども、十分に読めなかったら、棺桶に入れて持っていっていただきたいと思います。「地獄対処法」を書いてありますので、これは必読書です。値段が付けられない、非常に大事な本です。

そういうことが言えるような年齢になったということ自体は、自分でも喜ばなければいけないのかなと思っています。

宗教を取り巻く世間《せけん》の環境《かんきょう》について思うこと

世間《せけん》では、今年（二〇二二年）の夏からあと、どうも宗教を取り巻く環境《かんきょう》はよろしくなく、「宗教」と「政治」と「マスコミ」の関係があまりよくない感じです。〝突如《とつじょ》始まる〟ことがあるので、嫌《いや》な感じはずっとしているのですけれども、十八万も宗教があったら、変なものもあるでしょう。だから、全部を一緒《いっしょ》にするほど、みなさんバカではないとは思ってはいるのです。当会はこれでも、ちょっとは控《ひか》えめにやってはいます。

宗教に違《ちが》いがあることぐらいは、だいたいの人が薄々《うすうす》と感じ取ってはいるのですけれども、明確にそれを言ってくれるような方々が、宗教学者でもいないし、政治家にもいないし、ジャーナリストでも、「明確に違いを言える人はいない」というような状況《じょうきょう》です。ですから、宗教にいろいろな問題があると、「全部が上がるか、全部が下がるか」、どちらかになってしまうので、これには本当に困っています。

三十年ほど前も、同じようなことがありました。幸福の科学がウワーッと有名になったというので、他の宗教も出てきたら、今度はみんな〝袋叩《ふくろだた》き〟になって、これが下がってくると、うちも下がってくるという感じのことがあって、やりにくかったのを覚えています。言うべきことは言わなければいけないと思いつつも、加減を十分にしないと弾《たま》がこちらにも返ってくるような感じにもなるのです。このへんの老獪《ろうかい》さは、やはり年齢が要《い》りますので、若いとできないこともあります。

ですから、現在はやや遠回しに言ったり、小説のなかにちょっと書き込《こ》んでみたり（編集注）、いろいろしながら、言いたいことは言っているのですが、三十年前ほどのストレートな言い方はあまりしないようにはしております。

今日は「真実を貫《つらぬ》く」という演題ですが、これもある意味で、日本社会は全部が一緒の方向にグワーッと動く傾向《けいこう》があるので、そのときの動き方によって、善悪と言うべきか、「いいと思われる方向」と「そうでない方向」が極端《きょくたん》に揺《ゆ》れる場合があります。

アメリカもそうです。共和党と民主党のどちらが勝つかによって国の方向が変わることがありますので、そうした流動的な要素が加わってきますと、永久不変の法といいますか、変わらない真理というものを説くことがなかなか難しいこともあります。

世間の動きにも多少合わせなければいけないとは思いつつも、しかし、「変えてはならないもの、基本的な主張として、ねじ曲げてはならないものもある」と思っております。

日本では、宗教の位置づけが上になったり下になったり、いろいろするので、難しいところがあります。具体的な政治権力は「権力」としての力を持っているかもしれないけれども、宗教の基本は「権威《けんい》」のほうで、やはり権威ある立場からの意見を述べなければいけないと思うし、それによって「いろいろな立場の人たちに影《えい》響《きょう》を与《あた》えていく」ということが、今のところ、中心なのではないかと思います。

ですから、「今の時点で私が真実だと思うこと」、それから「これからこういうふうに考えたらいいと思うこと」について述べることが重要かと考えております。

今回と、十二月六日のさいたまスーパーアリーナでのエル・カンターレ祭（法話「宗教の本道を歩む」。本書第2章所収）、年明けの『地獄の法』のセミナー（法話「『地獄の法』講義」。本書第3章所収）の三本ぐらいで、来年（二〇二三年）の幸福の科学的年頭教書みたいな感じのもの、基本的な考え方、活動方針等は出てくると思います。ですから、今日のお話も重要な一部を担《にな》っていると思います。

大きな声で話すのは、「さいたまスーパーアリーナ」のほうでやらないと——。ここで話すと、みなさん、（会場の）後ろがちょっとつかえておりますので、吹っ飛んでしまうといけないので（会場笑）、まあ、吹っ飛ばない程度で、穏やかに話をいたします。

説法《せっぽう》も、もうこれで、三千四百八十回目ぐらいかになります（説法当時）。

このあたり、昨日《きのう》の夜、ちょっとＵＦＯリーディングをやってしまったので（ＵＦＯリーディング71〔メタトロン〕）、それがカウントされると八十になり、あと二十回ぐらいで三千五百回が来るのですけれども、これだけ話してもまだ、いろいろなことについて話をしているので、基本的な主張が全部届いているとは思えない部分があります。

ただ、私でないと言えないこともあるので、言うべきことは言っておかなければならないのかなという感じです。

〈編集注〉小説のなかにちょっと書き込んでみたり……ここでの「小説」には、『小説　内面への道』『小説　遥かなる異邦人』『小説　揺らぎ』『小説　とっちめてやらなくちゃ』〈いずれも幸福の科学出版刊〉などがある。

2　科学を盲信《もうしん》し、宗教に無理解な現代の問題とは

初転法輪《しょてんぼうりん》座談会で説いた「個の悟《さと》り」と「全体の悟り」

今日（二〇二二年十一月二十日）言いたいことは、次のようなことです。

第一回の初転法輪《しょてんぼうりん》座談会（一九八六年十一月二十三日）で、「私がこれから説こうとしていることは、『個の悟《さと》り』と『全体の悟り』なのだ」ということを言っています。

「個の悟り」としては、「個人としてのあり方をどういうふうに考えるか」ということを納得《なっとく》していただいて、自分を変えていただくということです。これにかなりのシェアが入ると思いますが、教団が小さいうちは、こちらのほうが中心に、

どうしてもなりますす。しかし、一定の大きさになりますと、「全体の悟り」といわれるもの――例えば国のあり方とか、宇宙の仕組みとか、あるいはこの地上と霊界《れいかい》との関係とか、こういう世界全体に影響《えいきょう》を与《あた》えるような内容について、話をしていかなければならないことが大きくなってくるし、そうした責務も背負っていると思うのです。

大きな世界宗教もありますけれども、内容がやはり古いですから、すべてを明らかにできていない。世界観を明らかにできていないし、昔の教えでもって、「現在起きている事象を是《ぜ》と見るか、非と見るか」ということが分からないことも多いのです。現在進行形で、いちいちについて答えられるということは、とても大事なことなのではないかと思います。

もちろん、憲法が言っているような「言論の自由」とか「思想・信条の自由」とか「信教の自由」とか「出版の自由」とか、いろいろな自由を認められていますが、それは大事なことです。私たちもその恩恵《おんけい》にあずかって、いろいろな本を出させていただいているので、そういう自由があってもいいけれども、ただ、「間違《まちが》いの自由」はあまり広がりすぎるのはちょっと問題はあるかなという気持ちは持っています。「間違っているもの」を「正しいもの」がだんだん説得していくに当たりましては、もうちょっと強い言葉や強い力を必要とするのではないかと思っています。

独善的な意見だけを言うつもりではないのですが、例えば、仏教的な話をするにしても、地元（四国）は弘法大師空海《こうぼうだいしくうかい》の説かれた真言宗《しんごんしゅう》、真言密教《みっきょう》が中心で、真言密教のお寺はいっぱいありはしますけれども、私はお寺を潰《つぶ》すつもりでやっている気は全然ないのです。

空海さんの信仰《しんこう》のもとを辿《たど》れば、真言宗あるいはその密教のもととして、祖師というか、初めての教えを説かれたのは「大日如来《だいにちにょらい》」というところに行き着くのです。その大日如来とは何かというと、これは仏陀《ぶっだ》の魂《たましい》のなかでの、要するに「教えを説く部分」です。真理を伝えているところが、大日如来のところなので、全然間違ってもいないし、別のものでもないし、直流です。流れています。

それから、救済のほうが中心になると、「阿弥陀如来《あみだにょらい》」というのが中心になり、こちらは念仏宗《ねんぶつしゅう》系などに多いのです。「救い」のほうが中心です。

それらを使い分けていますので、ときどき、阿弥陀如来的な救済のほうを中心に説くときもあれば、大日如来的な真理を中心に教えを説いているときもあります。

今日は、どちらかといったら、そちらの大日如来的な教えを、できるだけ中心に説かなければいけないかなと思っております。ですから、真言宗のお寺は全然潰れる必要はありませんので、どうか幸福の科学の教えを取り入れて、より真理を確信していただければそれで結構です。

また、神社もかなりありますけれども、神社を潰す気持ちもまったくございません。鳥居だけあって、中身の教えがあまりないので、そこの部分に、どうか当会のものを入れていただければありがたいかなと思っております。

常に「偽物《にせもの》の自分」を見つけ出し剝《は》ぎ取っていくことは大事

いろいろなニーズはあると思いますので、まず、個人の生き方で、最近、気になっていることについて、少しお話を申し上げたいと思います。

一つは、最近かけた映画「呪《のろ》い返し師―塩子《しおこ》誕生」(製作総指揮・大川隆法)でも、ちょっと訴《うった》えているのですけれども、「天狗《てんぐ》の慢心《まんしん》」への戒《いまし》めの教えを、最後の盛り上げのところに持ってきております。しかし、これは、けっこう難しいのです。宗教をやっている人でも、最後まで残る部分はここであり、名誉心《めいよしん》や高慢さ、自慢の心などは、やはり残るのです。「正しいことをやっている」とか「真理をやっている」と思えばこそ、どうしてもほかの人から見れば高慢に見えたり、うぬぼれているように見えたり、高飛車に言っているように見えたり、「自分は悟ってるんだぞ」「悟っていないおまえたち、よく聴《き》け」という感じにちょっと見えることはあるので、よくよく注意しなければいけないところです。

幸福の科学グループは政党の部門も持ってはおりますけれども、政党の方なども、ときどき気をつけませんと、この「宗教の部分」と「政治の部分」がごっちゃになって、演壇《えんだん》に立って「自分は悟りたる者であるからよく聴け、者ども」というような感じで演説したりすると、だんだん、来る人が減っていったりするようなこともあります。政治の原理と少し違う面はあることはありますので、そのへんの使い分けというか、理解してもらえるような話し方というのは大事なのではないかと思っております。

その慢心にかかわって、今日特に述べておきたいことは、昔、もう説いているのですけれども、「本物の自分というところを、どうつかむか」ということなのです。

これは、言葉を換《か》えて言いますと、「みなさまのなかにある、偽我《ぎが》の部分の発見というのは、やはりやめないでいただきたい」と思うのです。特に、年齢《ねんれい》が上がってきますと、そうとう固まってきますので、顔もお面を被《かぶ》っているように、偽我が剝《は》がせないぐらい出来上がってくるのです。自分の名前が有名であるとか、地位が高いとか、会社の名前が有名であるとか、学歴があるとか、いろいろな面で、そうなってきます。当然、年輪を重ねて人はそうなってくるものですが、そのお面のようなものが顔に付いてしまって、外れなくなってきて、素直《すなお》に物事を捉《とら》えて考えることができなくなっている。柔軟《じゅうなん》な考え方、あるいは若い人の考え方とか性別の違う方の考え方も理解できなくなっていく傾向《けいこう》がありますので、「偽我の発見」ということは、年を取ってもやはり続けていただきたいと思います。

「偽物《にせもの》の自分」というものを常に見つけ出して、それを剝ぎ取っていくことが、壮年《そうねん》以降の年齢でも、とても大事なことなのではないかというふうに思うのです。

なぜこれが大事かといいますと、この偽我の部分、本物の自分ではない――女性がお化粧《けしょう》をするぐらいまでのものはまだいいとして――それがもうちょっと、〝外れないようなお面〟まで来た偽我になりますと、この偽我の部分に引っ掛《か》けて、悪霊《あくれい》、悪霊《あくりょう》というようなものが取り憑《つ》いたり、あるいは、もっと大きな力を発揮する立場にある人になると、悪魔《あくま》というものが寄ってきて、取り憑いてくるからです。ここのところを気をつけなければいけないのです。

科学は宗教より「最先端《さいせんたん》」で「万能《ばんのう》」という考えの危険性

最近、韓国《かんこく》ドラマなども、けっこう上手になっているので、研究はしているのですけれども、あちらでは、霊的に憑依《ひょうい》されておかしくなるものをどうするか、どういうふうに戦うかというようなドラマもけっこう流行《はや》っており、それだけ観《み》ると、日本のテレビなどよりはやや進んでいるのかなと思います。もうちょっと霊的なことについて、公《おおやけ》になっている感じはするのです。日本だとここまでやらないなと思うところがあるので、日本より信仰心という意味のレベルでは、韓国のほうがまだかなり篤《あつ》いような感じ、あるいは、もしかしたら進んでいるのかもしれません。日本はすべてがもうちょっと唯物論《ゆいぶつろん》的になっています。

そのなかで特に注意しなければいけないことがあります。

科学といわれるものは、ここ二百年ぐらいで発展してきたものではあるのですが、それ以前に、宗教は長い歴史を持っているのです。しかし、科学のほうが何か最先端《さいせんたん》で万能《ばんのう》のような感じになってきていて、バイデン大統領なども言っていますけれども、科学が優先であり、そして、科学を否定するような考え方の人たちは「脱《だつ》科学主義」とか「反科学主義者」というふうに言われ、迷信家《めいしんか》というか古い種族みたいに言われることが多くなってきているので、少し危険を感じてはおります。

科学はあとから出てきて、だんだん広げてはいますが、今は学校教育にもほとんどズボッと入っていますので、「科学に反することは真実でもなく学問でもない」という考え方が非常に強いのです。

これは、合っている面もあるのですけれども、まだちょっと、人工衛星も月にまで届けられないレベルですから、「そんなに威張《いば》ってはいけないよ」というところはあります。日本からはまだ、ロケットを飛ばして月を探索《たんさく》して、月の上を歩いたこともないレベルでしょう。

私などは、居ながらにして月の裏側を見てきているのですから（会場笑）、「一緒《いっしょ》にしてくれるな」というぐらいの気持ちはあります（『ダークサイド・ムーンの遠隔透視《えんかくとうし》』〔幸福の科学出版刊〕参照）。決して科学的ではないでしょうが、宗教的には真実です。

まだまだ、そのへんについては、一部門が全部を理解しているように考える考え方は間違いだし、教育にそこを持ってくるのはちょっと問題かなと思います。特に、文部省が文部科学省になって、科学技術庁を吸い込《こ》んでからあとは、どうも宗教に対する理解が極《きわ》めて落ちている気がするので、よくない傾向だというふうに思ってはおります。

「科学的でないものは真理ではない」というのも先入観です。これだって洗脳だし、決めつけです。科学だって、もともとはいろいろなものを疑いながら取り除けていって「真実は何か」を探していく作業だったはずなのに、「〝科学だから〟とレッテルを貼《は》れば全部正しい」とくるのは問題があると思います。

例えば、地球温暖化みたいなものも、本当かもしれないけれども、本当ではないかもしれない。というのは、過去の地球は、今よりはるかに温暖だったからです。恐竜《きょうりゅう》の時代は、もっと草木《くさき》が生《お》い茂《しげ》って、巨大《きょだい》な生き物が食べられるだけの餌《えさ》があった。だから、温暖になると、餌というか食料になるものが、植物でも動物でも大きくなりますので、大きな生き物が棲《す》めていた。そんな時代も過ぎてきていますので、温暖化が今の天変地異とか自然災害のすべての原因とは限りません。これは、「可能性はあるけれども、そうではないかもしれない」という気持ちは一部持っていないと、もう、誰《だれ》かが言ったことは「すべて万能」みたいな言い方は問題だと思います。

「科学」といっても正しいかどうかは分からないことがある

コロナウィルスに関しても、最初の一年間はちょっとひどかったでしょう。本当に、徳島県に入るのでも大変だったのです。「他県ナンバーの者が走ったらいけない」「密告される」などということで、「ここは江戸《えど》時代か」と思うようなほどでした。「他県ナンバーが走っている、これはいかん！」という感じです。

コロナウィルスが流行ったときの年の一年目でしたでしょうか。祖谷《いや》のほうを久しぶりに見に行こうかと思って、東京から予約を入れたら、「東京のお客様はお断りです」と言われてしまい、「あっ！ そうか、〝黴菌《ばいきん》〟扱《あつか》いか」というような感じだったことがありました。「出身は徳島なんですけど」と言っても、「いや、東京の方はお断りです。菌が多いので」というようなことでしたが、今から考えたら、感染者数はもうものすごく少ない数だったのです。数人とかで、東北などは県別に「ゼロ、ゼロ、ゼロ」とかになっていたころに、「お断り」と言われたので、やはり〝深い傷〟が残りました（会場笑）。

今は何万人もいて、いっぱい流行っているのに、もう〝へっちゃら〟です。外国人でも、「フランス人の観光客が美馬《みま》市を観光中」とか言っているのがテレビで映っているのを観て、「だいぶ違うなあ」といいますか。それはもう本当に（人々の）〝感覚〟なのでしょう。

今は菌は何万人も、毎年、毎月、毎日とうつっているのですけれども、「『どうも、風邪《かぜ》やインフルエンザとそんなに変わらないらしい』という感じが分かってきた」というのが、やっと三年たっての感じです（説法当時）。

これで言えば、トランプ大統領が「風邪と変わらん」などと言ったりしてマスクを取ったりしていたのも、理解できないこともないし、「こんなときだからこそ教会は扉《とびら》を開けておきなさい」「神に祈《いの》る人がいなきゃいけないんだ」「『教会に行ったらうつるから』なんて言って閉めるな」と言っていたのに対しては、「非科学的だ」「脱科学主義だ」と言って批判されていたのですけれども、今から考えれば別にそんなに非難されるべきことではありません。

初期のころに取り締《し》まりを一生懸命《いっしょうけんめい》にやっていた東京都知事などは、今は静かになって何も言わなくなっています。コロナウィルス対策で、一年間で一兆円も使ってしまっているのです。石原慎太郎《いしはらしんたろう》さんが一生懸命に貯《た》めた一兆円を一年間で使ってしまって、もうカラカラになってしまったので、シーッとしています。大騒《おおさわ》ぎしすぎて、もっと数字が大きくなったときに、もう何も言うことがなくなっている状態です。責任追及《ついきゅう》されないように、おとなしく、おとなしくやっています。

こういうこともあるから、「科学といってもいろいろな人の意見がいっぱいあるので、そのときにリーダーに選ばれている人が言っていることが正しいかどうかは、まだ分からないことはありますよ」ということです。個人個人に戻《もど》って、もう一回、学問や、それからいろいろなことについての勉強をキチッとやったほうがいいと思っています。

ですから、決して、反科学主義とか脱科学主義を、私は説いているわけではないのです。「幸福の『科学』」ですから、そういうつもりはまったくないのですけれども、おかしいと思うものについては、科学的と言われるものについても意見は申し上げたいと思っています。

3 国家としての本当の正しさを問う

北朝鮮《きたちょうせん》の核《かく》ミサイル危機を幸福の科学は三十年以上前から言っていた

みなさまがたは、『地獄《じごく》の法』を読まれて、地獄に堕《お》ちないようにするか、できるだけ〝低い所〟に堕ちて早く天国に還《かえ》ってこられるようにするか、これから対策を練られることになるとは思いますけれども、それは、国全体や世界全体の景気とか、経済、政治、軍事的な結果で巻き込《こ》まれることもあるので、個人だけでは済まないこともあるだろうとは思いますから、両方を勉強しておく必要はあります。ただ、多くの人の人気を取れそうな考え方というか、政策とかそんなようなものは、ともすれば真実と反対のことが多いので、気をつけなければいけません。

全体の意見が（私の考えに）ついてくるのは、ちょっと遅《おく》れることが多いのです。十年から三十年ぐらいは遅れるし、五十年遅れることもあるから、これは気をつけていただきたいのです。

今日言っておきたいことの一つでもあるのですけれども、戦後約八十年間で、小さな戦争はありましたが、比較《ひかく》的平和な時代を過ごしてきました。この間、戦争をしないで済んだ日本の方々は幸福だっただろうし、この間に生まれて亡《な》くなった方は全然そういう経験をしないで済んだわけですから、〝平和は平和〟ではあったと思うのですが、まだ何十年か予定されておられる方は、これから厳しい時代に入っていくかなというふうには思っています。

ニュースを観《み》ていたら多少は感じるところはあるとは思うのですが、その理解と解釈《かいしゃく》のところで間違《まちが》いを犯《おか》すことがあります。

はっきり言って、北朝鮮《きたちょうせん》があんなにポンポンとミサイルや弾道《だんどう》ミサイルを撃《う》っても「抗議《こうぎ》する」とだけしか言えない日本に対しては、「抗議せんでええから、ちゃんとやるべきことをやれ」と、やはり言いたくはなるのです。

私は三十年前からずっと言っているのです。もう九〇年代からずっと言っているのに、周りは今ごろになって何か言っているので、これは民度が高いのでしょうか。どうなのでしょうか。もう遅れているというか、幸福の科学の第一回の映画「ノストラダムス戦慄《せんりつ》の啓示《けいじ》」（製作総指揮・大川隆法、一九九四年公開）のなかで、北朝鮮の核《かく》ミサイルの危機について描《か》いてあるのです。

そして、わりあいヒットもしたし、なぜか知らないけれども、そのときは朝日新聞系の賞などをもらったりもしました。普通《ふつう》は（朝日新聞の意見は当会とは）反対なのですけれども、エンタメと思ったのかファンタジーと思ったのか知らないのですが、賞とかをもらったのです。

「北朝鮮の核ミサイルが大変な脅威《きょうい》で、悪魔《あくま》のようなものが巨大化《きょだい》して出てくる」という映像を描いていたと思うのですけれども、これを発表したのは一九九四年です。製作にかかったのは九一年からですから、もう三十年以上前です。その間に何をしていましたか。何もしていないのです。だから、本当に遅れています。平和ボケしてはいるのです。

「ノーモア・ヒロシマ」が世界の常識だと思い込《こ》んでいる日本人

あともう一つ、これはみなさんもそうだろうし、マスコミ関係の方や政治家の方もそうだろうけれども、先入観として、日本人的に特に間違った先入観があると思うのです。

それは何かというと、八十年近い昔に、広島と長崎《ながさき》に原爆《げんばく》が落とされて、「あんな悲惨《ひさん》な目に遭《あ》った」「ノーモア・原爆、ノーモア・戦争、ノーモア・ヒロシマだ」と言って、そして、「これはもう世界の常識だろう」と思い込《こ》んでいるところがあるということです。

けれども、そうではないのです。

原爆を二発落としたアメリカは、それについて謝《あやま》ったり反省したりしたことは一度もありません。ですから、それは、「正義のために原爆を落として、インディアンよりも悪い日本人を殺してやったんだ」ということで止まっているわけなのです。「正義のために原爆を落としていい」ということは、まだ全然変わっていないのです。

ということであれば、今、世界に原水爆を持っている国は国連の常任理事国を超《こ》えて何カ国かありますが、最初に落としたところが「非人道的であったので、みんな頭の髪《かみ》の毛を剃《そ》って、反省している」というのなら、それはしないかもしれません。けれども、最初に原爆を落としたところは反省していませんので、ほかの国にとっても「自分たちの国の正義」というのはありえるのです。しかし、日本人は「原水爆が使われない」と能天気に思い込んでいます。日本人はほとんどそうなのですが、「こんなことはもう二度とあってはならないし、あるはずがない」と思っているところがあるのです。

だから、いくらニュースに流れても、頭のなかに入ってこないのです。「あんなことがあるわけがない」「理性的に考えて、もう二度とあるわけがない」と思っています。

けれども、ほかの国は、自分の国に落とされたわけではないので、その痛みなど感じていないのだということです。「日本は悪い国だったんだろう」「だから落とされたんだろう。それはよかったね」という感じでしょう。

その立場は、例えば、アメリカであろうが、ロシアであろうが、北朝鮮であろうが、あるいはパキスタンであろうが、インドであろうが、中国であろうが、イスラエルであろうが――これからイランもそうなると思いますが――イランであろうが、「『自分の国の正義』のために使うということはありえる」ということです。これはいちおう知っておいたほうがいいと思うのです。これは決して偏向《へんこう》がかかった意見ではありません。

日本で、独自でお題目《だいもく》のように唱えるのは結構なのですが、世界はそうは見ていないということは知っていただきたいのです。だから、新聞やテレビでニュースを流している方々は、「事実」は流しているけれども、「解釈」と「理解」は本当のものではないかもしれません。

今、「核《かく》戦争の危機」が非常に近いところまで来ている

客観的に見ると、「核《かく》戦争の危機」は、久しぶりにすごく近いところまで、今、来ています。北朝鮮関係だって、いつ始まるかもう分からないのです。最近の弾

道ミサイルは、北海道の島の近くに落ちたわけで、とうとう日本の〝領土内〟に落ちたわけです。今までは外側に落としていましたが、（もっと内側に）落としました。日本の対応は今のところ、今までと一緒《いっしょ》です。

そうすると、「じゃあ、無人島ぐらいにだったら落としてもいいんじゃないか」「じゃあ、北海道でも、ちょっと過疎《かそ》の所あたりだったらいいんじゃないか、いろいろ考えられないことはないでしょう。「東京湾《わん》に落としたって、船に当たらなければいいんじゃないか」とか、考えられないことはないわけです。ちょっとずつ、ちょっとずつ、ちょっとずつ進んでくることはあるでしょう。どこかでそれは堪忍袋《かんにんぶくろ》の緒《お》が切れますけれども、そのときはどういう切れ方をするかは分かりません。

だから、台湾《たいわん》だって、日本だって、今、同じような危機は持っているし、韓国《かんこく》だって同じような危機は持っているのです。あの人気グループのＢＴＳがとうとう徴兵《ちょうへい》に応じていっているのを見れば、「国民の模範《もはん》にならない」ということなのでしょう。「歌だけ歌っているのでは許されない」ということになっているのだと思います。

ロシアとウクライナの戦争もやっていますけれども、もう、日本人の頭のなかでは前提的に、「核兵器は使うわけがない」と思っているところがあるのです。ほかの国もですが、そう思っているところがあります。

ロシアが核兵器を使わないのを——要するに「〝手を縛《しば》ったかたち〟で戦い続けてくれる」と思っているわけですけれども、片や、「ロシアはもうミサイルが底をついた」「爆弾が底をついた」「戦車がなくなった、航空機がなくなった」とか言って、それで、補給をどんどんウクライナに入れています。これについては、「応援《おうえん》するのはいいけれども、これでは戦争が長引くし、死ぬ人の数も増えますよ」ということです。

そして、もしロシアの通常兵器が足りなくなったら「核兵器も使いますよ」と言っているのは、嘘《うそ》ではなく本気です。ですから、日本に落としてもよかったものなら、最後は本当に、おっしゃるとおりに、国が滅《ほろ》びるというか負けを言う前だったら、使う可能性はあるのです。

それから、ウクライナのゼレンスキー氏が嘘つきだというのが最近よく分かりました。彼は、「ポーランドにミサイルが落ちて、死人が二人出た。それはロシアが撃ったんだ」と言っていました。でも、アメリカの側から、「撃っている角度から見ると、これは、どう見てもウクライナのほうから撃った迎撃《げいげき》ミサイルが落ちたのではないか」と言われて、それでも、「そんなことはちょっと確認できない。ロシアしかありえない」というようなことを言っています。

間接的にはロシアも関係はあるかもしれないけれども、「その前にあなたは、向こうの戦艦《せんかん》を沈《しず》めたり、橋を壊《こわ》したり、いっぱいしているだろう。あれをやったら全面攻撃《こうげき》になってくるに決まっているじゃないか」という、このへんが分からないというのは問題です。

また、ゼレンスキー氏がそんなに善意の方かどうかは分かりません。コメディアン出身なので、テレビを使うのは上手ではあります。ロシアも出国が出始めたらちょっと態度を変えたりしたりはしていますが、ウクライナのほうは、成年男子の場合、出国ができないのです。戦闘《せんとう》要員だから出さないというので、「みんな死んでもらいます」というわけです。「どこまでやるのかな」というところではあります。

だから、国家の指導者が「やめどき」や「引きどき」「手打ちのとき」が分からないような人の場合は、被害《ひがい》は大きくなります。どこかで、それはやめどきを考えなければいけないということです。

「常山《じょうざん》の蛇《へび》」のように、地方でも国の発展力を維持《いじ》できる機能を

北朝鮮に対しても、中国はたぶん、習《しゅう》政権三期目で、三期目に台湾を取れなかったら四期目が取れないと思うので、近づいていると思います。当会の霊言《れいげん》では、習近平《しゅうきんぺい》氏の守護霊《しゅごれい》は「台湾を取りに入るときは日本も一緒だ」ということで、石《いし》垣島《がきじま》周辺は緊張《きんちょう》していますが、必ずしもそちらに行くとは限っていないので、ほかの所に行くかもしれません。

私はもちろん戦争屋ではないので、戦争を勧《すす》めているわけではございませんけれども、「三十年前から言っているのだから、ちょっとは聞きなさい。その間に準備していたら、もうちょっとどうにかなったでしょうが」と思うのです。少なくとも、正当防衛の範囲はもう許されていることですので、国民の領土・領空、人権・財産、こういうものを護《まも》るためにやらなければいけません。

「北朝鮮に拉致《らち》された人たちを返せ」と交渉《こうしょう》している政治家の名前が上がるのは結構だけれども、主権国家としては恥《は》ずかしいことです。自分の国民を日本の海岸線からさらわれていって、それで、「返してくれ」と言っている。そして、アメリカに頼《たの》んだりしているのを見たら、恥ずかしいことだなと思います。やはり、国家としてやるべきことは、キチッと、毅然《きぜん》としてやらなければいけないのではないかなと思います。

たぶん、核ミサイルは徳島（当日の説法の地）には来ないでしょう。それは、人口密度が低すぎるから、こんな所を狙《ねら》ったって損するに決まっています。ミサイル一本で、もう十億円とかしますから、こんな人口密度の薄《うす》い所は狙わないとは思います。もうちょっと、やはり百万人の人口を持っている所を中心にしか狙わないから、徳島の辺りは大丈夫《だいじょうぶ》です。

ただ、私たちが住んでいるのは東京の港《みなと》区とか、首相官邸《かんてい》などもあるほうの一《いっ》角《かく》ですので、ここの港区とか千代田《ちよだ》区とかは完璧《かんぺき》に狙われる辺りなのです。この辺りを全滅《ぜんめつ》させれば、日本の頭脳部分はもう、かなりやられます。この辺りに集中して撃たれると、しばらく機能しなくなると思います。

だから、「別格本山《ほんざん》」を徳島につくっておいたのです。万一《まんいつ》のときにはみなさん、生き延びてください。だから、これからは意外に、地方に行っておいたほうが有利かもしれません。

徳島県の人口が、私がいたころに比べ十万人も減っていますから、ちょっと悲しいのです。それから、母校も昔は進学校だったのに、何か今はもう、全然誰《だれ》も知らず悲しいものです。城南《じょうなん》高校というのは、昔は、かつての名門ではあるのですけれども、今、城南高校というと、私の十歳《さい》ぐらい下のオカルト研究家が有名になっているぐらいです。あちらは先輩《せんぱい》と思ってくれているようですけれども、十年ぐらい人材が出ていないのです。「十年目に出た人材は、やはりオカルトだった」「宗教家の次はオカルトが出て……」という、そのくらいの感じで、正統なほうで出世なされる方があまりいなくなってきておりますので、残念ではあります。

もう一段、本当の意味での地方分権というか、地方においても、この国の活力や発展力を維持《いじ》できるような機能を持たなければいけません。古いことわざでは、「常山《じょうざん》の蛇《へび》」ということわざがあります。「常山の蛇」というのは、「頭を打てば尻尾《しっぽ》がかかってくる。尻尾を打てば頭がかかってくる」というような蛇のことを言います。ちょっとツチノコみたいな感じではあるのですが。

そういうふうに、「『どこかを攻撃されたら、それでもう終わってしまう』というような国であってはいけないのではないかな」とは思っておりますので、別なところで、ちゃんと日本の国家としての体面を護りながら判断ができる部分は、やはり必要なのではないかと思っています。

4　正しい判断のもとにある「神仏を信じる心」

地獄《じごく》に堕《お》ちないために偽我《ぎが》を取り去って真実の心と対面する

今日、みなさまがたに伝えたいことは、地獄《じごく》に堕《お》ちないための方法の一つとして、まずは「偽我《ぎが》を取り去って真実の心と対面する、そうした方法を、当会の教えに基《もと》づいて考えてほしい」ということが一点です。慢心《まんしん》は「天狗《てんぐ》」という種類だけの人にあるわけではないのだということです。

人間というのは、自分が発展していく、この自己成長というものを若いうちは望むものですし、それは当然のことではあるのです。そして、動物たちも一緒《いっしょ》ですけれども、「みんな自分がかわいい」のです。「自分以上にかわいいものはない」のです。だから、生きようとしているし、成長しようとしているし、ほかのものを食べてでも生き残ろうとするものですけれども、人間もそういう傾向《けいこう》はあります。

それはしかたがないところもあるのですが、この自己成長欲というか、自己発展欲というか、「偉《えら》くなりたい」というか、この世での「成功したい」という気持ちもなかなか終わりのない欲だし、国家においても、それが何か、「小さな国は大きくなりたい」とか、「人口が増えたので、他国を取りたい」とか、「軍事力が増したので取りたい」とか、そういうふうになってくるわけで、同じようなものではあるのです。

けれども、やはり一流どころ、人間としても一流になってきますと、そういう自分のためだけのことを考えているようでは、本当の一流にはなれないのだということは知っていただきたいと思うのです。

「自由を与《あた》えていい人」は「自分を律することができる人」

難しいことをあまり言うつもりはないのですが、一流の人物になるために、まずチェックポイントとして言っておきたいことがあります。

私も基本的に「自由」は好きなのです。自由にやらせてほしいし、自由にやらせてあげたいし、自由な社会をつくりたいと思っております。ただ、自由には、やはり「野放し」という意味ではない面がどうしてもあります。

ですから、「自由を与えていい人」は「自分を律することができる人」なのです。「自律心がある人」です。

例えば、お金がここにポンとあったとしても、「それは自分が使っていいお金か、使ってよくないお金か」ぐらいは分からなければいけない。会社にいて、会社のお金を、「これは使っていいお金か、使っていけないお金か」ぐらいは分からなければいけない。

男女の関係だって、例えば、一定の時間、夜遅《おそ》くなったら、「これは、そろそろいけない時間帯になった」とか、そんなことも考えなければいけない。

こういうふうに自分を律することができる方には、自由を与《あた》えたほうが、その人自身が伸《の》びていくものではあるのだけれども、自分を律することができない人は、「束縛《そくばく》」という言葉は悪いですけれども、ある程度の、外部からの規律を与えられやすいのです。

これが度を過ぎるといわゆる専制国家と同じようになってきて、もう、みんな愚民視《ぐみんし》されて、一律管理されて、ほとんど〝ゴキブリ扱《あつか》い〟をされるようなところまで行ってしまうわけです。

ある意味では、それは、「指導者だけが頭がよくて、あとはみんな考える力はない」と思われているのだから、知識人がもうちょっと頑張《がんば》らないといけないところではあるのです。

このポイントです。

自由を求めて、「自己実現をしたい。やりたいようにやらせてくれ」というのは、親子関係とかでは多いでしょう。きょうだいでもあるでしょう。会社でもあるでしょう。「自由にやらせてくれ」と。

自分を律することができる人であれば、それが与えられることは重要なことだし、いいことなのです。「任せておいても、この人が判断することは、要するに『会社の利益になるか、利益にならないか』をちゃんと考えていて、やってくれる人だ」と思えば、任せてもいいけれども、「こいつに任せたら、何をされるか分からん」と思ったら、任せられないのです。

家族でも同じことがあります。きょうだいだからといっても、長男だから、長女だから、あるいは一人っ子だからといっても、必ずしも全部を任せられないものはあります。

　こういうふうに、人を見るときには、自分を見るときも含《ふく》めて、自分を律することができる人間なら、自由の領域の拡大を求めていくのは正当なことではあるけれども、もう「誰《だれ》かに見張ってもらわないと何をするか分からない」と思うような人、あるいは自分でもそう思う人の場合には、ある程度、校則とか会社の社則とか、あるいは教団のなかだったら教団の規律とか、こういうもののなかで生きていかないと、間違《まちが》いを犯《おか》すことの率が大きいということです。

「高速道路を自由に走っていい」と言われたら、それはやはり事故だらけになるでしょう。だから、「ルール」は決めなくてはいけないのです。

　ルールを決めなくても間違いのない方もいらっしゃいますし、そこのところで、天狗は「別種類だ」と思っているかもしれないけれども、みなさまにも起きやすいことであるということです。

「神仏を信じる心」があって初めて正しい法律や政治判断ができる

独裁国家においても同じようなところがあって、ある意味で指導力があるからこそ、大勢の人を従わせることができるのだろうとは思うけれども、「その人が自分を律することができるような人なのかどうか」というところは、点検項目《こうもく》としてはよく見なければいけないと思うのです。

やはり、「私欲が勝《まさ》って、ほかの人の部分を押《お》さえつけてでも、それを実現しようとしている人なのかどうか」ということを考えなくてはいけないと思うのです。

例えば、アメリカのトランプ大統領はマスコミからの攻撃《こうげき》をそうとう受けましたけれども、でも、大統領時代には、年に一ドルしかもらっていなかったのです。「政治家でお金儲《かねもう》けをするつもりはない」ということだったのだと思います。

一ドルしかもらっていないのです。でも、日本人でそれを知っている人は数少ないでしょう。ほとんどいないし、報道もほとんどされません。一ドルで大統領をやっているのです。

そんな感じでやっているわけですから、外見が、ちょっともうひとつ、トリックスター的なところもあったり、毒舌もあるから誤解されやすいけれども、私心はあまりない方ではある。ストレートに言っている。だから、信用はできるのです。

「ストレートに言っていて信用できる」という意味では、「最近、金正恩《キムジョンウン》さんとか習近平《しゅうきんぺい》さんも、あまり嘘《うそ》は言っていないかもしれない。本気で言っている可能性もあって、ある意味で信用はできるところはあるのかな」と私は思っていて、民主主義に不信感が少し出てくるところもあります。

「民主主義で生き残るためには嘘をつかなければいけなくて、もう、嘘をついていてしないと生き残れず、正直に認めたらすぐクビになる」というところがあるので、「これはよくないところもあるなあ」と思います。正直者はすぐクビになり、嘘をついて言い逃《のが》れた者が長生きできて、長く政権を保ったり、大臣の位置を得られたりします。

だから、このへんはちょっと、「民主主義の逆説」みたいなものがあって、実際、民主主義国家というのは世界の三分の一ぐらいしかないのです。三割ちょっとしかないのです。

それだけでバイデンさんとかが「民主主義を護《まも》る」というのを大義名分に掲《かか》げてやっているけれども、「民主主義国はまだ半分まで行っていませんよ」ということです。

まだ多くの国は後《おく》れていて、やはり強力なリーダーを求めているところが多いので、ちょっと、外から見ると「大丈夫《だいじょうぶ》かな」と思うような人が大統領になったりすることもあるけれども、やはり「民度がついていっていない」ということです。

民主主義は、自由を与えても大丈夫なような方、自由を与えて政治参加しても間違わずに判断できるような方が多くなったときにできるのです。

そして、「そのもとは何か」というと、「神仏を信じる心」というのがとても大事だということです。

あくまでも人間が集まって決めただけの法律がすべてではないので、やはり、その上にある神仏を信じる心があって初めて、正しい法律とか正しい政治判断、行動ができるのではないかというふうに私は思います。

元首相への襲撃《しゅうげき》事件で無関係の宗教まで被害《ひがい》を受けることへの見解

二〇二二年の夏、「ある宗教の信者であるお母さんが、『自殺した人も出た』というので、全財産に近いようなお金を寄付した。ところが、そこの息子《むすこ》が反発し、銃《じゅう》をつくって、元首相を街宣《がいせん》中に撃《う》ち殺した」というようなことがありました。それ以降、何だか因果《いんが》関係がよく分からないのですけれども、「その宗教に反対していた人」が撃ち殺したのに、その宗教のほうが弾圧《だんあつ》を受け、今、解散に向かっていて、ほかの宗教まで何か一緒に被害を受けるというような、何となくおかしなことになっています。

「応援《おうえん》してもらったところ」が「応援したところ」を弾圧する感じになっていて、もう、これになると、応援するところはなくなるような気も若干《じゃっかん》することはするのです。

また、財政赤字もありますから、神社仏閣《ぶっかく》等にいろいろな税金をかけたら、それは儲かると思うだろうなと思うのです。固定資産税をかけたりしたら、明治神《じん》宮《ぐう》だろうが伊勢《いせ》神宮だろうが、大きな土地を持っています。

あとは、信者で亡《な》くなった方の財産を丸ごと教団になど入れられたらたまらないから、国税で持っていくというようなことで、今、この取り合いがこれから始まるのだろうと思うけれども、何か事件があっても、それ自体の問題ではなくて、それを利用して、次に、自分のほうに都合《つごう》のいい方向に持っていこうとする人が多いので、気をつけなければいけません。

私どもは、政治的にはまだ発言をし、落選するのが怖《こわ》くて言えないようなことを平気で言う団体であるので、正論を通すほうを重視しています。政治運動としては本格化しておりませんし、当会の職員は二千人ほどおりますけれども、政党の職員など五十人ぐらいしかいないので、五十人ぐらいで細々《ほそぼそ》と活動をして、やっているので、そちらのほうは小さく見えると思います。

幸いにして、〝大したことがない〟ので、政教分離《ぶんり》規定に全然引っ掛《か》からないで楽はしておりますが、そのうちに世の中は変わってくると思っていますので、やりたいとは思っています。

ただ、当会の場合、幸福実現党以外にも、自民党にも立憲民主党にも、国民民主党にも、ときどき、公明党とか共産党にも、議員が当会の信者にいるのです。政治的にはそういうところもあります。

「へえ」と思うでしょう？　そうなのです。私だって、びっくりするけれども、共産党の議員には、当会の信者で何十年もやっている人もいるのです。いや、「理論的には素晴《すば》らしい」と言うので、そのとおりなのです。あそこは理論的です。とても理論的なので、だから、政権に対する批判はすごい直球で当たるから、それが好きで、いる人が多いのです。

当会もスパーッと批判するときはするから、そのときは感激するわけで、「政治関連のものは、いつも読んでいます」という、そんな人がいるのです。

また、公明党にもいるのです。

昔、もうちょっといろいろな政党があったときには、党首とかもいっぱい入っていました。自民党などでも大臣クラスがいっぱい入っていました。もう今はそれが終わっているから、ほっとしています。何も追及《ついきゅう》されないで済んでいますが、政治を応援したって別に構わないのです。構わないのですけれども、やはり、いつも心のなかで「真《しん》か偽《ぎ》か。正しいかどうか」ということは考えなければいけないのです。

コロナウィルスによる「細菌《さいきん》戦争の実験」は核《かく》戦争の前哨戦《ぜんしょうせん》

今日は徳島新聞の方も来ていらっしゃると思うので、「あまり言うと傷つくから、言わないほうがいい」と周りから言われたのですけれども、今朝の社説を見たら、何か、「学術研究とか民間の技術等も、軍事転用をさせないようにしたほうがいい」という社説を書いているので、「この時期に書くか」という感じは、やはり若干《じゃっかん》あることはあるのです。

「弾道ミサイルを北海道の近くに撃ち込《こ》まれても、この時期に言うか」という感じは若干するので、私は「少なくとも北海道大学ぐらいは、ちょっとは考えよ」と言いたくはなります。

今、いちおう国立大学等ではそういう研究をすることは禁止されているのです。これは昔の文部科学大臣に私は申し上げたことがあるのです。

でも、国民の生命《せいめい》の安全を考えるときには、やはり研究はすべきでしょう。

それから、今回のコロナウィルスについても、私は最初から言っているのですけれども、「これは、核《かく》戦争の前の、細菌《さいきん》戦争の実験だ」と最初から思っていたのです。実際に六億人以上が罹《かか》って、百万人単位の人が死んでいるのですから（説法時点）、はっきり言えば世界大戦規模です。

これは、でも、前哨戦《ぜんしょうせん》だと思っているのです。では、どういうふうになるでしようか。

細菌、ウィルスとかを使ってやった場合には、どこが仕掛けたかが分からないのです。だから、〝貧者《ひんじゃ》の核兵器〟なのです。だから、小さな国でもこれができるのです。「ああ、これは始まった」と見ております。

それから、三年ぐらいたちましたが（説法時点）、私の感じでは、「まだ全部は終わらない」と思うのです。「あと二年ぐらいで、だいたい普通《ふつう》に近くなってくるかな」とは思っているのですが、まだちょっと残ります。

でも、次に、「核戦争の危機」がもう来年以降近づいておりますので、これは心を引き締《し》めたほうがいいと思います。

「自分たちが落とされたから、もうそんなことはないだろう」と思うのは甘《あま》いとは思うのです。落とされたところであるからこそ、「そういうことをしたら、どうなるか」ということを、ちゃんと言わなければいけません。

たとえウクライナが核攻撃をされたとしても、ほかの国の人たちは別に痛まないのです。自分のところではないからです。「かわいそうだったね」というようなことはあるかもしれませんが。

今、ロシアと核戦争をして互角《ごかく》に戦えるのはアメリカ一国しかないのですが、バイデンさんの兵法から見るかぎり、「通常兵器の貸与《たいよ》はするけれども、核戦争にならないように逃げている」というのが基本路線です。だったら、朝鮮《ちょうせん》半島でも台湾《たいわん》でも日本でも、同じことが起きます。だから、「通常兵器の貸与はされるであろうけれども、代わりに核戦争などはしてくれない」ということは知っておいたほうがいいと思うのです。

「できたら、科学技術が進んで、もうちょっと国民を護れるような技術は持ちたいものだな」というふうに思っております。

個人としては、「偽我《ぎが》」を取り去り、まっすぐな心を持ち、国家としては、「強さ」と「優《やさ》しさ」を使い分けて生きていけ

今日の話は「初転法輪《しょてんぼうりん》記念」での話ですので、ちょっと前置きのような話です。あと二回ほどで、「来年、日本が向かわねばならない方向」について、もうちょっとはっきりとしたことを言うつもりです（本書第2章、第3章参照）。

個人としては、まず、「偽物《にせもの》の自我」を、「偽我《ぎが》」を取り去って、まっすぐな心を持つように努力してください。そうした、「自分を大きく見せて、強く見せようとする心」が、国のレベルになると、外国を占領《せんりょう》したり支配したりする傾向にもなることもあります。

だから、外国のそういう専制国家に関しては、そこの統治している人の心をやはりよく見つめることが大事だと思います。

それから、あまり、常識を外れた善意でもって見すぎてはいけないところはあります。護らなければいけない一線はあります。

毎日のようにポンポンポンポンポンとミサイルを撃ってくるところは狂《くる》っているのですから、それには、そういう対応をしなければいけないのです。それは、もう、病院がする対応と同じような対応で、拘束衣《こうそくい》を着せて護送しなければいけないレベルに来ているかもしれません。

強いところは強く、優《やさ》しいところは優しく、そのへんを使い分けて生きていくことが大事であると思います。

一部、政治領域にも入りましたけれども、私たちは「是々非々《ぜぜひひ》」で言っていくつもりですし、日本の国をよくするために活動している方については全部を応援する気でおります。

幸福実現党もやっておりますが、どちらかというと玉砕型《ぎょくさい》でやっています。何いが、「ほかの政党はどこも言わん」と見たら、もう、一生懸命《いっしょうけんめい》言って玉砕している状態が多いのですけれども、今のところはまだいいのです。宗教のほうでやっておりますので、構わないのですけれども、いずれ「世界の羅針盤《らしんばん》」になるように持っていきたいと思っています。

まだ戦いは長いです。続きます。みなさんが生きている間に国がなくならないように頑張りましょう。

第2章

宗教の本道《ほんどう》を歩む

二〇二二年十二月六日　説法《せっぽう》

埼玉《さいたま》県・さいたまスーパーアリーナにて

1 「宗教の正邪《せいじゃ》」は、〝多数決〟だけでは決まらない

今、「宗教の本道《ほんどう》を歩む」というテーマについて説く理由

今日のテーマは、「宗教の本道《ほんどう》を歩む」というテーマになっております。このテーマが出た理由は、今年（二〇二二年）の夏から、日本での宗教に関するあり方やその正邪《せいじゃ》に関する議論が数多く起きたことです。宗教界のリーダーの一つである幸福の科学からも、「何らかの考えは聞いてみたい」というお気持ちもある方が多いのではないかと思います。

私も、十八万もある、日本の宗教のすべてを知っているわけではありませんので、いちいちについてお答えをすることはできませんし、世界にもまた、数多く

の宗教がありますが、それらすべての内容を知っているわけでもありません。

簡単に言えば、「宗教の本道」ということに対しては、「幸福の科学に入ってください」と言えばそれで終わりではあるのですが、まだこのくらいの努力では許してくださらないのではないかというふうに、謙虚《けんきょ》に考えております。キリスト教なら「キリスト教に入れば救われます」ということで、もうこれでいいはずなのですが（笑）。

このテーマは英語の訳では「Making《メイキング》 the《ザ》 Way《ウェイ》 to《トゥ》 True《トゥルー》 Salvation《サルヴェイション》」となりますから、私の日本語とはちょっとズレはあります。この英語から感じることとしては、要するにキリスト教みたいに〝幸福の科学に入れば、もうそれで救いにまっしぐらですよ〟というような感じを受けることは受けるのですが、現実としてはまだまだ、努力は足りていないと思います。ですから、幸福の科学の話だけをして、これで「宗教の本道だ」と言い切るのは十分ではないのではないかと思います。

そこで、できるだけこのテーマに近づけつつ、思うこと、考えること、この三十六年間（説法当時）、宗教として活動してきたこと等を、自分の頭で整理しながら、今時点で考えていることをお伝えしたいというふうに考えているものです。

ある宗教に関するマスコミ報道や法規制の議論に思うこと

まず私は言っておきたいのですが、「宗教の正邪や『これこそが本道だ』という問いに対する答えは、世論《せろん》調査のようなもので出るものではない」ということです。これは前提として言っておきたいと思うのです。

宗教は、無明《むめい》、あるいは無明《むみょう》と言ったほうがいいと思いますが、数多くの迷える、名も知らぬ人々の集合に対して、一定の秩序《ちつじょ》をつくり、道をつくり、歩むべき方途《ほうと》を示すものです。その意味において、いろいろな人の意見がどうであるかということの集合を分類して、「『これが正しい』『これが主流である』『これが多数である』ということが、答えにはならない」というふうに思っておりま す。ある意味では、宗教とは、現代の学問や政治の原理とはまったく違《ちが》ったものであるし、科学の原理とも違ったものであると考えております。

宗教の世界においては、たった一人が正しいこともありえます。それが正しいかどうかが分かるには、五百年、千年、二千年の時間がかかる場合もあります。ただ、正しいものが、現在ただいまにおいて、百パーセント評価されたり、理解されたり、受け入れられたりすることはないというふうに考えております。むしろ、新しい宗教であるならば、それが出てくる必要は「その時代の、現時点の常識や多数の意見が間違い始めている」ということと必ず関係があると思います。

ですから、歴史的には、弾圧《だんあつ》を受けることが多くありますし、迫害《はくがい》を受けることがよくあります。後《のち》の世に見直されて正しく認められる場合もあれば、歴史のなかに消え去っていったものも数多くあります。残念ではありますけれども、天《てん》上界《じょうかい》の目から見れば光の大天使とか天使たち、日本的には大如来《だいにょらい》・如来・菩薩《ぼさつ》たちも数多く地上に下《お》りているけれども、次から次へと敗れて、迫害され弾圧されて消えていっている歴史で、その正反対のものが勝っていることも数多くあります。

この今時点の段階で、何が正しくて何が間違っているか、それを示すのはとても難しいことです。だから、「統計的手法による多数決だけでは決まらない」ということだけは明らかであって、みなさまがたが「その説かれる真理とは真実のものであるかどうか」「その説かれる愛は本物であるかどうか」「その説かれる聖なる心は本物であるかどうか」、これを、心を澄《す》まして見続けなければ分からないところがあるのではないかと思います。

この夏から、日本だけではなく外国にも広がっている、ある宗教に関するマスコミ報道はかなり多くて、宗教界も困っている状況《じょうきょう》ではあろうかと思います。

　現時点では、「法制度として、献金《けんきん》の上限を決めればいいんじゃないか」など、そんなふうなところで話し合いが進んできているようですけれども、はっきり言えば、まったく宗教には関係のない議論です。政治資金の規制とは違うのです。同じではないのです。「消費者契約《けいやく》」など、もうとんでもない話で、まったく関係がありません。宗教は消費ではありません。契約でもありません。「契約」とあえて言うならば、「神と人間との契約」ということは成り立つことはありますが、神と契約できるほどの人間は、この世にはいないのです。だから、「神の教えを受け入れてついていく」ということが、基本のスタイルだというふうに思っています。

　夏から問題にされている宗教を「邪教」と断定するのは簡単なことでありますし、その論拠《ろんきょ》もたくさん持ってはおりますけれども、お互《たが》い立場が違えば、違ったふうに見えることもあります。「言論の自由」とか「出版の自由」とかが許されている理由、「信教の自由」が許されている理由も「学問の自由」が許されている理由も、「同じく自由な土俵《どひょう》で戦わせれば、必ずや正しいものが広がって、間違ったものが駆逐《くちく》されていくであろう」ということです。そういう性善説で日本の憲法も出来上がっているし、世界的にも「西側」といわれる価値観はそういうふうになっているのだと思うのです。

ですから、マスコミ的統計によって正邪を決めるのではなくて、宗教のなかにある者が考え方を出し合って、「これが正しいと思うか思わないか」を、多くの人に判断をしていただく必要があると思います。

2　聖人の説く真理が同時代に認められることの難しさ

孔子《こうし》やソクラテスも同時代で受け入れられたわけではない

残念なことは、過去を見れば分かりますように、四大聖人といわれた方々もほとんどが、生きている間には完全に受け入れられたとは言いがたいというところです。

四大聖人というのは、釈迦《しゃか》、キリスト、ソクラテス、孔子《こうし》です。

孔子などは、一時期、生まれ故郷《こきょう》の国で司法大臣、法務大臣のようなものを一年ぐらいはやったかもしれませんが、あとは使われなくて、諸国を放浪《ほうろう》して仕官の道を求めたけれども大臣になれなくて、その教えだけが後世、多く使われた方です。孔子教団というのはあったことはあったし、「教えを受けた方も三千人ぐらいはいたのではないか」と言われていますが、言いたくはないのですけれども、おそらく幸福実現党より小さかったでしょう。幸福の科学のつくった政党では、もっと支持者は数多くいることはいます。

あるいはソクラテスです。「ソクラテスの弁明」という、見事な滔々《とうとう》たる弁明をやって歴史に遺《のこ》り、現代まで読み継《つ》がれているものがあります。ただ、「ソクラテスは悪だ」と判定され、そして弁論の機会を与《あた》えられて名演説を打ったにもかかわらず、それをやる前よりも、やったあとのほうが、さらに「死刑《しけい》にせよ」という声が増えたという、まことに残念なことが現実には起きております。

その人類の恥《はじ》――「間違《まちが》った」ということを、二千五百年間、みんな読み続けて、特に反省もしていないのです。「昔そんなことがあった」という事実しか伝わっていないのです。そのときの気持ちは分からないからです。

「ソクラテスが教えている『神』はギリシャの神とは違う」ということで告発され、もう一つは「ギリシャの青年たちを惑《まど》わしている」という罪で告発されて、この両方とも可決されたわけです。「ソクラテスの『神』は、どうもギリシャの神と違う」というのです。ギリシャの神というのは、代表的にはゼウスということであったのですけれども、「ゼウスの教えと違う」と言われました。

それは違うと思います。ゼウスは、もう、あちこちで遊び歩いて神になれた方で、それで「全智全能《ぜんちぜんのう》」といわれた方ですから、今、現代だったら週刊誌のネタだらけです。「何か、いいことをしたのか?」と。

よく似ているものがあるとすれば、NHKの大河ドラマで、徳川《とくがわ》時代の、子づくりに励《はげ》んだ将軍たちの話をやっているときは、ゼウスの時代によく似ている感じはしますが、それ以外では特にありません。「神といわれているから偉《えら》い」というだけのことです。

メシアとしてのイエスを理解できなかった同時代のユダヤの人々

それから、イエスだって、この世的に見たら——今は、その丘《おか》は教会になっておりますから、見ることができませんけれども——「されこうべの丘」という所で十字架《じゅうじか》に架かって、槍《やり》でブスッと脇腹《わきばら》を刺《さ》されて、それで、ちゃんと死ねるように脚《あし》まで折られて、墓《はか》に埋《う》められた方です。

私もときどき想像してみるのですけれども、「やっぱり、ちょっと痛いかな」と思ったりもすることもあります。「できるだけ、寿命《じゅみょう》ぐらいまでは頑張《がんば》って仕事をしてから、あの世に逝《い》こうかな」とは思ってはいるのです。

ただ、そういうことをしたのは情けないというか、人類としては、恥を通り越《こ》して、最低でしょう。最低・最悪だと思います。

「ユダヤ民族が現代に生き残っている」ということ自体も不思議ではあるので

すが、イエスもユダヤ人であるからして、「イエスを否定したらユダヤ人も否定できるけれども、イエスを否定できないからユダヤ人も否定できない」というようなことではあります。

イエス自身は「ユダヤ教徒だ」と自分では思っていたわけで、「ユダヤ教徒としてのメシアである」と自分は思って生きて、教えを説いて死んだ方でしょう。だから、「同時代の信仰《しんこう》深い方々にも理解されなかった」ということです。

釈尊《しゃくそん》は「釈迦《しゃか》国が生き残ること」よりも「教えを説くこと」を選んだ

仏陀《ぶっだ》、釈尊《しゃくそん》は、四大聖人のなかでは比較《ひかく》的大成したほうに近いのではないかと思います。幾《いく》つか迫害《はくがい》に当たるものもあったことはありましたけれども、当時としては長寿《ちょうじゅ》の八十歳《さい》まで現役《げんえき》で教えを説いて、現代では百二十歳に相当すると言われております。だから、「最長寿まで生きて教えを説いて、最期《さいご》の教えまで遺っている」という方ですから、ある意味では、成功されて幸福ではあったのかなとは思います。

しかしながら、ゴータマ・シッダールタ、釈迦牟尼仏《しゃかむにぶつ》は、「自分の国の城であるところのカピラヴァスツを出て、王子の地位を捨てて、三年ならず六年も修行《しゅぎょう》をして、やっと降魔成道《ごうまじょうどう》をして仏になった」ということになったわけで、その教団の教えは広がりましたが、両親を残して出家《しゅっけ》したあと、父王が亡《な》くなり、釈迦族もなくなり、出家した釈迦族の五百人だけが生き延びて、コーサラ国の属国であった釈迦国というのは潰《つぶ》れて、お城のほうに残っていた人たちは全員、皆殺《みなごろ》しになっているわけです。

少し、逃《に》げた人はいるとは思うのです。ネパールの信者にも、「シャカ」さんという方がいらっしゃり、それは釈迦族の末裔《まつえい》であろうからして、どこかに生き延びたのだろうと思いますけれども、いちおう滅《ほろ》ぼされたことになっております。

義母と奥《おく》さんと、それと息子《むすこ》と、それから青年たちが出家しましたけれども、国自体は滅びてしまったのです。これは同時代です。仏陀が生きている同時代に滅びているのです。「提婆達多《だいばだった》が反乱を起こした」という悲劇の年が七十二歳ぐらいですけれども、おそらく、そう変わらない時期だと思います。晩年に、釈尊が八十歳で亡くなる前に、釈迦国という国自体がなくなっておりますので、代償《だいしょう》は大きかっただろうと思います。涙《なみだ》しなかったはずはありません。

釈尊が跡《あと》を継いで王様になっていたからといって、国が生き残れたかどうかは定かではありません。それよりも大きな国が十六カ国もあったのですから、やはり潰れていた可能性もあることはあるのです。

要するに、この世的な恒常《こうじょう》的なものがなくて、無常《むじょう》のなかに、この世的に「ずーっとあるべきだ」と思われていたものが消え去っていったということです。

釈迦そのものは、人生として、四十五年の説法《せっぽう》を続けて、ある程度の規模の教えを説くことができたけれども、「王様の跡を継がなかったことにより、国自体は滅びた」という代償を背負っておりますから、四大聖人とも、みんな、ある程度の悲しみ――「諸行無常《しょぎょうむじょう》」「諸法無我《しょほうむが》」の世界を体験されたのではないかというふうに思っています。

ですから、この世的な成功・失敗だけで、それが真理かどうかを判定するのは、極《きわ》めて厳しいことではあろうかと思います。

天上界《てんじょうかい》から出した救世主と思われるマニや洪秀全《こうしゅうぜん》が消えていった理由

また、私たちから見て「天上界《てんじょうかい》から出した救世主」と思われる方でも、この世的には認められないで消えていった方も数多くおります。残念です。それが本当に残念だと思います。

キリスト教のあと、百年、二百年ぐらいのときに活躍《かつやく》したマニという方も、その教えはいったん世界宗教にまでその当時にはなったのに、生きている間に、今度はゾロアスター教の反撃《はんげき》を受け、「皮剝《かわは》ぎの刑になって殺される」ということになっています。

そして、その教えに帰依《きえ》したことのあるアウグスティヌスという人が、「ああ、邪教《じゃきょう》に帰依した」ということを反省し、『告白』という本を書いて、いまだに読まれているわけではあるけれども、邪教ではなかったのです。

その直前のキリスト教について、「イエスは十字架に架かったので、失敗したかな」と思って、次に送り込《こ》んだのがマニだったのですが、失敗したかと思ったキリスト教が二、三百年たって、もう一回、立ち上がってきたので、そちらのほうが大きくなってきたということです。

そして、そのゾロアスター教というのも、マニの前身が説いたものだと言われておりますけれども、「自分が前に説いた古い宗教によって自分が滅ぼされる」

というようなことが起きるのです。こんなことが起きるというのは本当に考えられないことですけれども、現実には起きています。

あるいは、中国みたいなところでは、一八〇〇年代に「太平天国《たいへいてんごく》の乱」というのが起きて、洪秀全《こうしゅうぜん》という方が、メシアとして、救世主として、清国《しんこく》の滅亡《めつぼう》に際して革命を起こそうとして戦ったのですが、結果は、日本と戦えば負けてしまったようなあの清国であっても、宗教に対しては強くて、「おそらくは、洪秀全についていった方は五千万人ぐらいは亡くなったのではないか」というふうに言われています。かなりの数です。これは、今また台湾《たいわん》や韓国《かんこく》や日本に迫《せま》っている運命と似たものを感じることはあります。

ですから、この世的に「現在ただいま、それがすべて丸ごと認められる」というようなことは、基本的にはないと思っていただきたいと思うのです。ただ、そのなかにどれだけ自分の魂《たましい》が共感するようなものを見いだすことができるかどうか、それを考えていただきたいと思います。

それは、宗教に対して面白《おもしろ》く思っていない方も数多くいますので、この世的には、幾つかの部分で否定されたり、被害《ひがい》を受けたり、非難されたりすることもあるでしょうし、認められないこともあるでしょう。

幾つかの宗教が邪教として解散させられていますので、「ついでに、統一教会をやったら、次はもう創価学会《そうかがっかい》と幸福の科学までやっちゃえ！」とか思っている方も二、三十パーセントはいるでしょう。まあ、思ってもいいとは思いますけれども、負けないように頑張ります。こちらも負けないように頑張るつもりではおります。

3　世界宗教として正しさを訴《うった》え続ける幸福の科学

宗教が国防の重要性を訴えなければならない日本の遅《おく》れた状況《じょうきょう》

特に、この国の国防などに関しては、「国防をすべきだ」という人は十三パーセントぐらいしかいないという〝世界最低の国〟ですので、それに対し、当会は、国防などを「政治」のほうで言っている宗教です。ですから、「それ自体が間違《まちが》っている」と言う方だって、大多数のなかには多いのではないかと思います。そういう議論があること自体は十分に分かってはおります。

ただ、この三十年間、私が説き続けてきた内容のなかで、振《ふ》り返って考えてみていただきたいのですけれども、「ほとんど間違っていない」ということは言えると思うのです。言っていたとおりになっているはずなのです。三十年間を検証して、言っていたとおりになっているということを認めてくださる方は、〝外側の人〟には少ないでしょう。なかの人は分かっていますけれども。

今、政府のほうは、北朝鮮《きたちょうせん》がボンボンとミサイルを撃《う》ったり、あるいは核《かく》兵器をやっているので、やっとこの前、「トマホークを五年後、アメリカから五百本ぐらい買おう」とかいうのが新聞に載《の》りました。五年後に五百本──間に合ったらいいのですけれども、四年目に何かされたらどうしましょうか。二年目だったらどうしましょうか。

私は三十年前から言っているのですけれども、聞いてくださらないので、「五年後で間に合えばいいですね」とだけ言っておきます。

それから、「日本国内でも、長距離《ちょうきょり》のミサイルなども開発する。最低限の防衛をするつもりだ」とかいうようなことを言っております。いったい誰《だれ》に向いて言っているのか、ちょっと分からない発言ではありますが、「何か、幸福の科学より三十年も遅《おく》れている。そんな人たちが与党《よとう》をやっているのかな」と、〝クラクラッとくる〟ことはくるのだけれども……、いやいや、うぬぼれてはいけない――「私たちのほうが頭がいい」などと、絶対思ってはいけません（笑）。そんなことを思えば弾圧《だんあつ》のもとですから。

みんな〝賢《かしこ》い人たち〟なのでしょう。「何にも起きないんだ。世界には何も悪いことは起きないんだ。毎日毎日が暮らしていけたら、それでいいんだ」と思っていらっしゃるのでしょう――。それはよかったです。そういう方々は、サッカーのワールドカップが観《み》られて、ご飯《はん》が食べられたら、もうそれでいいのでしょう。決して責めているわけではないのですけれども（会場笑）。

サッカーＷ杯「日本 対 クロアチア戦」を観《み》て感じたこと

今日（の未明）、夜中の〇時《れい》からサッカーのワールドカップの「日本 対 クロアチア戦」がありましたが、誘惑《ゆうわく》されるでしょう？「講演会は今日の夜七時ぐらいからだから、夜の〇時から九十分ぐらいだったら、まあ、いけるんじゃないか。仕事中寝《ね》ながら、会場に来るとか、『ちょっと体調が悪い』とか言いながら出てくれれば、間に合うんじゃないか」と思って、やはり誘惑になかなか勝てないものです。

私は、「いや、そうであってはならない。今日、仕事があるから、やはり十二時前にもう寝に入らなければいけない」と思ったのです。しかし、一時まで寝られなかったので、やはりテレビをつけて観《み》てしまいました（笑）。申し訳ありません。だから、みなさんを叱《しか》る資格はないのです。

寝られないから、「どうせ寝られないなら、観てもいいかな」と思い、ちょっと観ていました。ところが、「あと四十五分で終わるんだな」と思って観ていたら四十五分で終わってくれず、九十分のはずだったのにまだ三十分延長するというので、「三十分も延長する！　これは困るじゃないか。今日、影響《えいきょう》が出たら、どうするんだ！」と思ったのです。

さらに、三十分延長しても終わらないでPK戦に入るというので、「ええっ！何ということを言うんだ。夜《よ》が明けてしまうじゃないか、これでは。もう早く終わってくれないと、講演会に差し支《つか》える恐《おそ》れはあって、みんなの前でこっくりこっくり寝始めたら、どうするんだ！」ということで、「みなさんには、『サッカーなんか観るんじゃない！　宗教に打ち込《こ》め！』と言わなければいけないところを、これではいけないのではないか」と思いつつ、ズルズルズルズルッと引っ張られてしまったのです。

そこで、これはやはり宗教家としてはいけないことだと思って、寝ながら観ることにしました（会場笑）。

「横で寝て毛布をかけて、半分寝ながら、肝心《かんじん》なところはちゃんと目を開けて観る」という観方をしましたけれども、あれだけ引っ張られるとはちょっと思いませんでした。明け方とは言わないけれども、三時ごろまでやられて、これでは寝られないではないですか。

そういうことで、サッカーの試合を、二時間と「あとのＰＫ戦」まで観ています。

日本にもクロアチアにも信者がいるため、片方の国だけを応援《おうえん》できない私

ＰＫ戦を観て、クロアチアが強いということがやっと分かりました。それま

では分からなかったのです。どちらもいい勝負をしていて、「もしかしたら一本、入らないかな」と思って観ていました。

「なかなか体が大きいなあ。でかいのばかり集めて。何を食べているんだ、この人たちは。クロアチアに大きな牛でもいるのかな」と思いながら観ていたのですが、まあ、背が高い。体も大きいし、ボールを持ったら脚《あし》で遊んでいる。その遊び方がちょっと尋常《じんじょう》ではない。日本よりも脚が長くて、球遊《たま》びをしている。ちょっとこれは強そうだなと思いながら、得点は一対一で来ているので、「同じぐらいなのかな」と思っていたのですが、PK戦をやってみたら、あちらの選手のほうが明らかに強い。これは、かなり差があります。

日本の選手は、〝ゴロ〟を打っているのです。ゴロばかり蹴《け》っているけれども、向こうはちゃんとピシッとしたシュートが空中を飛んでいるのです。

あれを観ていて、「ああ、本当は、三対一がPK戦の結果だったけれども、三対一で試合に負けていても、これはおかしくないぐらい力の差はあったかな」と思いました。だから、「一対一の同点で終わったというのは、かなり頑張《がんば》ったんだな」というふうな祝福の思いを日本選手団に思いつつも、もう片方のクロアチアにも幸福の科学の信者がいるので、「幸福の科学の信者でクロアチア人のみなさまがた、おめでとう」という気持ちを送っています。

これが世界宗教の〝運命〟なのです。片方だけを応援《おうえん》できないのです。クロアチアにも信者はちゃんといるので、片方だけを応援できないのです。だから、「クロアチアもよかったね」と思います。

サッカーがいちばん人気の職業ですので、「世界的に認められてよかったですね」「いい体格なので、何を食べているか本当に教えていただきたいな」と思いつつも、体を見れば負けそうな感じはあり、「あの体なら、球を蹴らなくても、肉弾戦で戦ってもやはり負けるだろうな」とは思うのですが。

こんなことはいっぱいあります。「世界宗教へ」と言っているけれども、世界宗教になればなるほど、発言に制約がかかってきます。

どうすればロシア―ウクライナ戦争は起きなかったのか

例えば、ロシアとウクライナで戦争を始めました。

幸福の科学のロシアの支部では本法話《ほうわ》が中継《ちゅうけい》でかかっているのです。ちょっと時差があるかもしれませんが、支部がちゃんとありますので、ロシアの支部は観ています。だから、公式には、ロシアの〝悪口〟を私は言えない。遠回しには言えるけれども、公式には言ってはいけない。怒《おこ》るから言えないのです。

そして、そのロシアが、いちおう国際的には、あるいは西側的には「侵攻《しんこう》している」と言われているウクライナですが、ウクライナにも当会の会員、信者がいるのです。そうすると、「ウクライナの信者はどうしよう。脱会《だっかい》するだろうか、どうしようかな。ロシアのことをあまりよく言うと、あちらのほうも困るのだろうな」と思うわけです。ＥＵにだって信者はいっぱいいるのです。あちらにもこちらにもいっぱいいるので、どこを応援したらいいのだか、そういうことを考えると、やれなくなります。いつも必ず、対立する利害の両側に、私どもの教えについてきている人たちが存在するのです。

ウクライナにも今、イギリスとかフランスとかを中心に武器の供与を続けて、何とか戦争を優勢に進めたいというふうな動きはあるわけでありますけれども、これも本当に正しいのかどうかという判定は下しにくいことです。

ちょっと厳しいことを何度か言っています。マスコミの主流とは違うことを私は言っています。私は、ロシア―ウクライナ戦争など必要なかったと思っているのです。する必要はなかったのです。

どうしたらよかったかというと、ウクライナが中立を保てば、「中立を保つ」

と言えば、戦争はなかったのです。たったそれだけのことなのです。

「EU側に入りたい」という気持ちは、それは分かります。大統領が、「EU側に入りたい。そして、NATO《ナトー》軍の力も使って、ロシアと戦ってみせたい」というような気持ちを持っていることは分かるけれども、そうなったら、ロシアのほうが黙《だま》っていないことぐらいは、最初から分かっていることなのです。

中立を守っている範囲《はんい》内では戦争は起きなかったはずなのですが、バイデンさんが、武器供与などをやりながら、要するに「EUにも入っておらずNATOにも入っていないウクライナ」を使って、ロシアとの前哨戦《ぜんしょうせん》を始める作戦を持っていたということです。アメリカ自体は被害《ひがい》を被《こうむ》ることはなく、景気を回復する手段にはなるであろうということです。

ロシア―ウクライナ戦争が長期化することで懸念《けねん》される問題とは

それから、マスコミの大部分もそうだし、学者の大部分もそうでしょうけれども、核兵器というのは、先の大戦で広島と長崎《ながさき》に二発落としたことで、「『こんな非人道的な兵器は実際には使えないんだ』ということを世界の人が理解しているものだ」と信じているのが日本人です。

けれども、現実にはいろいろな国が核兵器をつくっているということは、使わないためにつくっているはずはありません。それは、必要があれば使うためにつくっているのでしょう。あるいは、持っているということによって「通常兵器での戦争で勝てないというのなら使うかもしれませんよ」という脅《おど》しになり、それで持っているということでしょう。

だから、〝日本の常識〟は、本当に世界の非常識なのです。

ロシアは核兵器を今のところ使っていませんけれども、通常兵器でアメリカやイギリスやフランスが応援して、戦いが長くなっていって、もし、ロシアが通常戦争で不利になってきて降伏《こうふく》するという段になるのだったら、核兵器を使うことだってないとは言えないのです。これはいちおう知っておかなければいけない事実です。

だから、「応援すれば、それで勝つ」と思っているなら間違いで、「応援すれば、〝最悪のカード〟を引くこともある」ということです。

もう一つは、例えばキエフ、今はキーフと言っていますけれども、ここはロシア正教の聖地なのです。〝エルサレム〟なのです。ここから発生しているのです。ですから、ロシアにとっては、このキエフという所は本当は護《まも》らなければいけない所で、押《お》さえておかなければいけないのです。押さえていないで独立されたり、EU側に入られたりしたら、十字軍の戦争みたいなことが、そのあとどこまで続くか分からない所なのです。

こういう所でもあるし、ゴルバチョフ大統領のときには、ウクライナは、ゴルバチョフさんが別荘《べっそう》を持って休んでいた所ですから、普通《ふつう》の外国という感じではない関係なのだということも知っておいたほうがいいのです。

これ以上は言いません。あまり言いますとトラブルが多くなるので言いませんけれども、「通常戦争ではＥＵのほうが強いだろう」と思っている方が多いようではありますが、イギリスもフランスも、核兵器は三百発ぐらいしか持っていないのです。ロシアは六千発から七千発持っているのです。ロシアと戦ったら、ＥＵは負けるのです。本気で戦ったら負けるのです。それを知っておいたほうがいいでしょう。

日本のように、「核兵器は絶対使えない。絶対使えないものだ」と信じ込んでいて、「それをお題目《だいもく》みたいに唱えていれば勝てる」と思っているかもしれないけれども、ロシアと本気で戦ったら負けてしまうのです。互角《ごかく》に戦えるのはアメリカしかいないのです。アメリカ合衆国しかないのです。けれども、アメリカのバイデンさんは、私にはどう見ても〝頭が二つに割れている宇宙人〟にしか見えないのです。どうも、〝ゴジラみたいな頭が二つあるような宇宙人〟に見えてしょうがない方なのですが、その秘密については語りません。言わない――。アメリカでも、本講演会を何十カ所でも聴《き》いておりますので言いません。

そして、私などは共和党寄りの発言もよくしているのですけれども、幸福の科学の会員は民主党のほうが多いのです。だから、とても言いにくいのです。前回、トランプさんのときも応援を私はしたのですけれども、現地の信者には民主党の支持者のほうが数は多いのです。「政治と宗教というのは、これはもう本当にやりにくいな」という感じです。

民主党のほうは人権擁護《ようご》とかもけっこう言っているから、宗教が好きな方はそちらのほうに入りやすい傾向《けいこう》は多いでしょう。私も、ハリウッドのスターなどにも好きな人がいっぱいいいるけれども、そのなかにも民主党支持者はたくさんいるのです。「困ったものだな」と言いつつ、そちらはそちらでファンを続けながら、片方では、政治的には「いや、こちらのほうは、こうでなければいけない」などと言っているので、私のほうも、本当にとても難しいなと思っています。

二〇二〇年米大統領選でトランプ氏が勝っていたら世界はどう動いたか

もし、前回の二〇二〇年大統領選でトランプさんのほうが勝っていたとしたら、どうでしょうか。共和党の大統領候補としては、かつてない票数を取った方ですから、「もし彼が大統領になっていたらどうなっていたか」ということをシミュレーションしてみると、北朝鮮は、あんなに〝ボンコ、ボンコ〟とミサイルを撃ったり、核兵器をどんどん進めたりしてはやっていなかったでしょう。これは確実です。

トランプさんはいい仕事をしていたのです。話し合いで、「もうやめようではないか。そんな核戦争をしても、未来はないよ。ベトナムは最初、共産主義だったけれども、市場経済をやったら発展しているではないか。ベトナムみたいな国にならないか」というようなことで、「トランプさんとだったら、やれるかな」ということを金正恩《キムジョンウン》は考えていたのです。

だから、北朝鮮がミサイルを撃っているのは、日本の国防だけで考えれば日本の危機ですけれども、「アメリカの中間選挙前に集中して撃っていたのを、中間選挙が終わったら撃たなくなった」というのは、撃ったらもったいないからです。つまり、中間選挙前に撃っていた、「共和党支持という〝花火〟だった」ということが分かります。「大統領職をトランプさんに返せ」と言っていることであったということです。

トランプさんなら話ができる。バイデンさんなら怖《こわ》いから来ないでしょう。彼は臆病《おくびょう》だから、三十八度線を越《こ》えて北朝鮮になど絶対入りません。プーチンさんとも会わないでしょう。それは、怖いですし、年寄りで、ずいぶん気が弱いからです。だから、〝いいかっこしい〟です。トランプさんのほうが、そのへんはやはり立派だと思うのです。

日本も、五百発のトマホークも買って、「長距離ミサイルを開発する」と言って、間に合うやら間に合わないやら、お金をただ損するだけになるか分からないようなことをやっているけれども、これはトランプさんのときだったら要《い》らなかったことで、北朝鮮の〝ベトナム化〟を目指していたかもしれないのです。

それから、もう一つはウクライナです。

プーチンさんとトランプさんは仲が良かったので、もしかしたら電話で全部、解決していたかもしれないのです。だから、戦争をする前に、トランプさんが「直接会って話したい」と言っていたら、戦争をしなかったかもしれず、あんな戦争はなかったかもしれないのです。

けれども、今、死者が何人になっているか分かりません。両方、本当の統計は言わないから分からないけれども、これがズルズルズルズルズルッと長引いていったら大変です。

特に、あのウクライナの大統領さんは、テレビ受けする方法をよく知っていらっしゃるので、NATO軍と、それからEU、ヨーロッパの共同体のほうに入って、民主化した社会の一員のように見せたいようであるけれども、ウクライナ自体は決して民主主義国ではないのです。あれは今、完全に独裁国家になっていま す。成人男性は国外に出られず、「全員、死ぬまで戦え」と言われているのですから、これは、先の大戦末期の日本軍とよく似た状態になっているわけです。

世界の先のことが見えている宗教家の発言をよく理解してほしい

そんなことを考えますと、マスコミの主流がどちらを応援するかとか、いろいろなことはあるし、それがイデオロギー的にこちらを応援していたから、その流れで今もやっているということがあるのですけれども、現実は皮肉なもので、その正反対になることがよくあるということです。

だから、完全に「百対ゼロ」にはならない判断はたくさんありますけれども、私が言っていることについては、過去三十年のものを見れば分かるように、「ある程度、先は見えている」ということは知っていただきたいのです。百パーセントとは言いませんけれども、だいたい、トレンドとか、そういうもので間違うことはほぼないので、基本的に、「大川隆法は何を言っているか」というようなことは、よく斟酌《しんしゃく》した上で考えてください。

私の発言も、二分化した戦いをやっている両方に信者を持っていて、そういう引き裂《さ》かれる気持ちのなかで、どちらかを応援するような発言をしたりしていることもありますので、このへんも理解した上で、「それでもこう言っているのだったら、そういう考え方もあるのかな」という受け入れ方をしていただきたいと思います。

トランプさんが大統領を続けていた場合には、おそらくは中国一国が対象となったと思います。

中国に対しては、私たちは激しく戦っています。

「さよなら、香香《シャンシャン》」（作詞・作曲 大川隆法）という歌のなかで、「全体主義の国が嫌《いや》だったら、中国の竹が口に合わなかったら、見合いの相手が気に入らなかったら、いつでも帰っておいで、香香」と言っています。あれでも、いちおう抵抗《ていこう》運動をやっているのです。抵抗運動です。

香香は中国に帰ってほしくなかった。パンダにしては珍《めずら》しく美人だった。かわいかった。ショーマンシップを持っていた。景気を回復する力があった。四百万人の客を動員するだけのかわいい演技ができた。普通の歌手や俳優でもできないぐらいのかわいさがあった。もったいないことです。上野《うえの》もさぞかし寂《さび》れることでしょう。

そんなことを考えてしまいます。まあ、香香だけのことを言ってはいけないとは思いますけれども。

パンダは、生息地域は幾《いく》つかの所に広がっておりますから、どこの国のものかは分かりませんけれども、五百万年前には存在し、スペインからも化石が見つかったりもしております。「実際はもっともっと古い歴史を持っている」ということを、当会のほうでは霊査《れいさ》して言っております。

4 「宗教の本道《ほんどう》」を歩むためには

宗教の本道を歩むに当たって「絶対に外してはいけないこと」とは

そこで、「宗教の本道《ほんどう》を歩む」というところに話を戻《もど》していきたいのですが、絶対に外してはいけないことがまず一つあります。それは何でしょうか。

今、日本も同じ方向に進んでいるのですけれども、この世が便利になっていくこと――科学的に進んでいったり、あるいは経済的、あるいは政治的に、いろいろな便利なものが増えてきて、この世が進んでいっていること自体については好きな方が多いと思うのです。便利ですから、それはいいことなのですけれども、〝この世がよくなりすぎる〟ことによって、あの世を意識しなくなるという方向に進んでいる傾向《けいこう》はあります。これは、科学主義と唯物論《ゆいぶつろん》の向かうところです。

けれども、『地獄《じごく》の法』（前掲）という本が発刊されていると思います。来年度（二〇二三年度）の「法シリーズ」で、中心となる本でありますけれども、「地獄というものは、科学が進んだからといって、現代にロケットが飛んだり新幹線が走ったりしたからといって、なくなってはいないということ、これを知っておいてほしいし、「天上界《てんじょうかい》というものも、なくなっているわけではないのだ」ということです。医学が進み、頭のいい人が医学部に進んで、病気を治したり、寿《じゅ》命《みょう》を延ばすことに努力はなさってはいます。平均寿命自体が戦後は延びていますから、それはある程度、優秀《ゆうしゅう》な方が成功を収められたということではあろうと思うのですけれども、ただ、「ただの一人も、この世に生き続けることはできない」ということは知っておいてほしいと思うのです。

人間は、十年、二十年、寿命が延びることはあるでしょうけれども、必ず全員が百パーセント死ななければいけないのです。そのときに、「この世だけの命しかないと思って、『この世が便利で快楽だったら、それで幸福は完成だ』と思っている人」と、「この世を過ぎて先にまだ命があって、『その後の命のことを考えると、どういうふうに生きなければならないか』と考えることができた人」とは、ここに違《ちが》いは必ず出てくるのだということです。

この世だけの努力と成果を見れば、必ずしも努力が全部報《むく》われるわけではありません。この世的には、原因が必ずしも結果になっているわけではありません。

しかしながら、「あの世まで通して見たときには、原因と結果は必ず矛盾《むじゅん》なく統一される」という世界が、神仏の創られた世界であるのです。

寿命は延びましたけれども、しかし、来世自体はなくなっていないし、キリスト教でも十分説けてはいないけれども、「この世に生まれてくる前も魂《たましい》があった。霊界《れいかい》での生活があった」ということも事実なのです。

これを『地獄の法』で説いていますし、これを補完していくための教えを説き続けていくつもりであります。

「なめちゃいかんぜよ」というのは外国語に訳せないでしょうか。「なめちゃいかんぜよ」は訳せないかもしれないから、「甘《あま》く見てはいけない！」と言っておきます。

甘く見てはいけない。宗教を甘く見てはいけない――。

宗教が「人類が知っている歴史」としての何千年間続いている理由は、やはりそこに本当のものがあるからなのです。そうでなければ、とっくの昔に消えています。経費節減だけ考えたり、あるいは「寄付しなければ家計が助かる」ということだけ考えるなら、とっくの昔になくなっているでしょう。

なくならない理由は、本当にあの世があるからです。あの世があるとしたら、「じゃあ、どうしたらいいんだ。どう生きたらいいんだ」ということが問題になるでしょう。

天国行きと地獄《じごく》行きを分ける「地動説」「天動説」の生き方の違《ちが》い

宗教で言っていることは実に簡単なことなのです。もう、ごくごく絞《しぼ》って言います。本当は「信仰心《しんこうしん》がいちばん大事だ」と言いたいのです。ただ、聴《き》いている人のなかには、まだ宗教について浅い理解しかしていない方もいるから、それはあとに回してもよろしいでしょう。

そういう人は信仰心をあとに回してもよろしいのですが、その先に言っておきたいことは結局どういうことかというと、「自分のために世界がある」と思って、自己保存の気持ちのある人、「自分だけが成功して繁栄《はんえい》して幸福になればいい、快楽であればいい」と思っているような人は、残念ながら、天上界という世界に行けないということです。そうではなく、「自分はほかの人の幸福のために生き、世の中をちょっとでもよくして生きよう」と思っている方が天上界に行くという、ただこれだけのことなのです。

「天動説」と「地動説」というものがありますが、天動説のように、「天の太陽とか星とかが自分の周りをグルグル回っているだけだ。地球はじっと止まっていて、その自分の周りを他の星が回っているだけだ」と思っている方は地獄《じごく》行きです。

そして、地動説のように、「地球のほうが実は太陽の周りを回っている」と思っている方、これが天国に行ける条件なのです。

でも、実際、そうでしょう。地球に住んでいて、実感として、「地球がグルグルと二十四時間で一回転している」などと感じますか。「そんなことがあったら、風がビュービュー吹《ふ》いて、吹き落とされる。宇宙空間に飛ばされてしまう」と思うでしょう。

「ちゃんと見れば、太陽はいつも東から上がって西に沈《しず》んでいるではないか。太陽が回っているではないか」、これを長年、人間は考えていたのです。でも、現実はそうではないことは、宇宙空間に出たらはっきりと分かった事実です。

ですから、「霊界から見たら、この世の世界がどう見えるか」が見える人がいたら、それはもう疑いようのない事実として「ある」ということです。

「天動説」と「地動説」で、「自分のために世界がある。世界が回っている」と思っているような人が地獄に行きやすく、その反対で、「自分が世界のために動いていかなければいけないのだ」と思っている人が天国に行きやすいということを、一つ知っておいていただきたいと思います。

その意味で、この世限りの快楽説で「快楽がすべてだ」と思っているような方は、残念ながら、死んだあと、命があったときに大変なことが起きるということです。

今、天上界《てんじょうかい》、地獄界《じごくかい》以外に新しくできつつある「この世地獄」とは

唯物論と科学主義がけっこう蔓延《まんえん》して、教育で広がっているし、誰《だれ》が答える権利があるかは分からないけれども、科学の結論として「『あの世はない、霊はない』ということが結論だ」と、もし言い切る方がいらっしゃるとしたらどうでしょう。全体的な流れとしてはそんな傾向があるのですけれども、もしそういうことを言い切る方がいらっしゃるとしたら、大変なことになっているのです。

ですから、「魂もなくあの世もない」と思っていて、この世だけの利便性でメーカーはどんどん新しいものをつくっているし、いろいろなものはよくなっていますけれども、それだけで幸福だったら「よかった」と思った方は、この世を終わったときに、この世以外の世界を知らないから、行くところがないのです。

だから、かつて言った、「天上界《てんじょうかい》と地獄界《じごくかい》」という二つに分ける世界だけでは

なくなってきている感じがするのです。

「私が見ている世界は、この三次元しかない」と思っている人が、いっぱい、次から次へと死んでいっているのです。彼らは行く先がほかにないので、「この世界が自分たちの世界だ」と思っていますが、〝地べた〟です。まあ、建物もあるから、〝地べた〟と言っては失礼かもしれません。エレベーターもあるから、ちょっと空中もあるけれども、「この地上に生きているのが自分らの世界だ」と思っているのです。だから、天国にも地獄にも行かない、そんな人が増えている。どんどんどんどん増えている。毎年増えている。これは、大変なのです。

「四次元世界」というのですけれども、彼らからは生きている人間の姿は見えているのです。建物も見えているのです。みなさんの仕事も見えている。声も聞こえているのです。ただ、彼らが言う言葉は、三次元で生きているみなさまがたには聞こえない。姿が視《み》えるのも、ほんのごく一部の方だけなのです。ごく一部の方だけに姿が視えている、聞こえているということがあるけれども、それは確かめることはできません。

科学の前提である、「『誰が何回やっても同じ結果が出る』という、それが真実だという法則性」によるなら、これは確かめようがない結論になります。

ですから、死んだ方がこの世にいます。家族とか会社とか、あるいは死んだ場所に執着《しゅうちゃく》しています。そのため、天上界、地獄界以外に、「この世地獄」というのが、今、できているのです。これの数がものすごく増えてきている。これをどうしようかというところです。

一緒《いっしょ》に共存しているのです。この世界に〝生きている〟のです。

みなさまがたの不調がいっぱい起きているはずです。次から次へと、不調な現象がいっぱい起きていると思います。これを少し減らさなければいけないのです。

だから、天国に上がる方は上がっていただきたいし、天国に行けないことが確定した方は、地獄で行くべき所を決めて、修行《しゅぎょう》をしていただきたい。そして、自分が永遠の悪魔《あくま》として生きるのか、それとも天上界に還《かえ》るのか、悟《さと》っていただきたいのです。

韓国《かんこく》であれば、神様のほうに行くか、〝パク・イルド〟のほうへ向かっていくか、それを決めなければいけないのです――パク・イルドというのは、悪魔みたいな者、霊人《れいじん》です。ドラマで流行《はや》っているのです。

観《み》ていない方は無理に観ないで結構ですけれども、「パク・イルドという人が、〝悪魔の総帥《そうすい》〟みたいな感じで、次々と連続殺人を起こす」というドラマをやっているものですから、ついつい、何度か観ると、やはり言ってしまうのですが。まあ、そんなものはいないのですけれども、いちおう象徴《しょうちょう》です。

そういうものもあるけれども、韓国のほうなどは、まだいちおう「そういうものがある」ということを知っているだけいいでしょう。まだ、「死んで不成仏《ふじょうぶつ》の人が、この世の人を不幸に陥《おとしい》れている」ということがテレビで放映できているというだけでも、すごいことではないですか。これでも、日本よりまだ環境《かんきょう》はちょっといいのです。まあ、死と直面しているからかもしれません。

だから、今、地上界に、天国とも地獄ともつかないで、死んだことが理解できないでいる人がいっぱい溜《た》まってきています。高学歴の人にも多くいます。科学者にも多くいます。高等教育を受けた「賢《かしこ》い」と思っている方、この世的に大金持ちの方にもいっぱいいます。

どうか、こういう人を減らしていただきたいのです。そうしないと、この世とあの世を貫《つらぬ》く論理が完結しないのです。

「この世の幸福」と「あの世の幸福」を一致《いっち》させるための努力を

ですから、「宗教の本道を歩む」とは何かといえば、この世とあの世を貫く法則、「この世の幸福があの世の幸福につながる」という、その法則をはっきりとさせるということだと、私は思っています。

そのために、三千百冊以上の本がもう出てきているわけですけれども、これだけの実績を積み上げてきました。でも、世界にはまだまだ届いてはおりません。やり続けますけれども、世界人口の増えるのが多すぎて、なかなか教えは届きません。だから、一歩でも二歩でも、この教えを広げていくことが大事であると思います。

「宗教の本道」とは、この世の幸福とあの世の幸福を一致《いっち》させること――これに尽《つ》きるということです。

第3章

地球の危機を乗り越《こ》えるために

――『地獄《じごく》の法』講義――

二〇二三年一月八日　説法《せっぽう》

東京都・幸福の科学　東京正心館《しょうしんかん》にて

1 「死んだら終わり」と思っていると、死後の行き場がなくなる

「正しいことは正しい」「あるものはある」から出した『地獄《じごく》の法』

今年（二〇二三年）は、新年に「明けましておめでとうございます」と言うには、ちょっと厳しい、言いにくい年になってはおりますけれども、「まあ、生きてお会いできるだけでも、ありがたいものだな」と、お互《たが》い思っております。時代はかなり厳しいです。

『地獄《じごく》の法』（前掲）を、まさか新年から講義することになるとは、私も思ってはいなかったのですけれども、「できるだけでも、ありがたいことかな」と思っております。

去年の十二月、国会では、「『地獄に堕《お》ちるぞ』とか言って宗教が脅《おど》したら、そのお金は返金してもらえる」とかいうことを議論しておりました。そんなときに堂々と（『地獄の法』を）出すというのが、幸福の科学の、開き直ったといいますか、まったく無視しているというか、そういう強さであるのですけれども、『地獄の法』と、その講義に加え、さらに、ついでにもう一丁、『小説　地獄和尚《おしょう》』（幸福の科学出版刊）というものを出してやろうか」と言って、年末年始を厭《いと》わず小説を書きましたので、さらに過激なものが出ます（その後、二〇二三年一月十九日に発刊）。

街角で訊《き》いたら、どうでしょう？「地獄ってあると思いますか」とか、あるいは「あなたが地獄に堕ちる可能性はあると思いますか」というようなことを質問で訊いたら、「思います」と言う人は二十パーセントいるでしょうか。どうでしょうか。いないかもしれないような感じがするのです。

この世の多数決的な「常識」の結果は、こんなものかと思います。これが五十パーセントを超《こ》えるということは、今、ちょっと考えられないのです。しかし、事実は逆でして、「今、地獄に堕ちる人がどんどん増えている」という状況《じょうきょう》です。だから、「国会が何を言おうとも、ニュースが何を言おうとも、新聞が何を言おうとも、言うべきことは言う」というのが、これが幸福の科学です。私がたとえ世間《せけん》の九十九パーセントから「狂《くる》っている」と言われても、私は「正しい」と思うことは言い続けます。

その分、今日（一月八日）は、本会場（東京正心館）は三帰《さんき》信者の方だけで固めたとのことです。いろいろな方をお呼びすると、言いにくいこともあったりするし、マスコミをお呼びしただけでも、言いにくくなったりすることもあるのです。

今日は、ちょっと、みなさんにとって痛いところに触《ふ》れることもあるかもしれませんけれども、それもありがたいことです。崖《がけ》から落ちてから「痛い」と言うよりは、やはり、落ちる前に「落ちたら痛いぞ」と言われたほうがいいのではないでしょうか。私はそれを単なる〝脅し〟とは思いません。それは「注意」でありますし、「警告」です。そういうことです。

『地獄の法』の「まえがき」でも、謙遜《けんそん》して書いておりますけれども、「現代にこんな本が書ける著者がいるだろうか」と自分で言っているぐらいです。「そう、一人だけいたのだ」と……。

三千百書も書けば、一冊ぐらいこういう本を書いても許されるでしょう。一冊目がこれだったら、ちょっと、さすがに〝怖《こわ》い感じ〟はするけれども、いっぱい書いていますから、「ほかのものもお読みの上、ご批判ください」と言えば、分かってくださるのかなと思います。

それから、法話《ほうわ》の前には、楽曲「預言者」（作詞・作曲　大川隆法）がかかったのですが、この詩を書いたのは、私がまだ在家《ざいけ》というか、幸福の科学をつくる前の、最後の雌伏《しふく》の時代、潜《もぐ》っていて、独立できるかどうか苦しんでいた時代です。

その詩にあるように、神の乳房《ちぶさ》をすすらしていただくぐらいだったら、私も「ありがたいな」と思うのですけれども、仕事としてはもっと重くなりまして、「ここまで来るとは思わなかった」という感じです。自分自身、この任に堪《た》えるかどうか、かなりの葛藤《かっとう》はありました。

今の若い人たちは、その逆で、「早く偉《えら》くなりたい。早く神になりたい」というような方がわりに多いのですけれども、仕事はけっこう重いのです。

国会で、「『地獄に堕ちるぞ』と言って、脅したり洗脳したりしたら、十年以上遡《さかのぼ》ってでも金を返させるぞ」とか言っているようなときに、『地獄の法』を堂々と出してベストセラーにするというのは、胆力《たんりょく》がかなり要《い》ることは要るのです。もう世界を敵に回してでも戦うつもりがなければ、出せないものです。

正しいことは正しいのです。

間違《まちが》った宗教もあり、某《ぼう》宗教は間違った宗教ではあるけれども、宗教界で言っていることのなかにはちゃんと正しいものはあるので、それについては言わなければいけないということです。

某宗教については「間違っている」という批判を私は何冊かの本でしておりながら、しかし、「あるものはある」と。「嘘《うそ》ではない。だから、あるものはある」ということを今、繰《く》り返し言う必要があると思うので、言っておきたいと思います。

お墓《はか》や宗教の伝統行事は「あの世」を考えるよすがになる

特に、この世がちょっと地獄に近づいてきている感じは、強く、ひしひしと来ます。

やはり、物が溢《あふ》れ、便利になってきたから、「あの世のことなんかを考えているより、この世で充実《じゅうじつ》して幸福なら、それでいい」という価値観が強くなってきています。「地獄なんかはアニメの世界のなかにでもあればいい」というところでしょうか。そのくらいになっていると思うけれども、「そうじゃないよ」ということを言っています。

要するに、この世では物のほうがずいぶん発展しているし、この世で生きているうちは、それに必要なものがあるから、「いろいろなものをつくったり育てたり、売ったり買ったりして、やらなくてはいけない」という仕事をしながら生きていかなくてはいけないことにはなっているのだけれども、「そのなかにいて、『人間の本質は魂《たましい》である』『自分は霊的《れいてき》存在である』ということを忘れてはならない」ということを言う人がとても少なくなってきているので、困っているのです。

今日ここに来る途中《とちゅう》で、お墓がちょっと残っているのを見て、「あっ、まだお墓が残っている。マンションになっていない。これはいつマンションになるんだろうか」と思いました。どんどんどんどんマンションになってきています。東京正心館《しょうしんかん》に来るまでの間のところでも、昔はお墓がいっぱいあったのに、今はほとんどマンションになっています。マンションのほうが儲《もう》かるのでしょう。

しかし、お墓があるだけでも、やはり、「あの世ってあるのかな」ということを思い出す機縁《きえん》にはなるのです。お盆《ぼん》だとか命日だとか正月だとか、いろんなところで宗教行事があります。「バカバカしい伝統行事あるいは慣習だ」と思っているかもしれないけれども、それでも、「死んだあとに、もしかしたら、そういう世界があるのかなあ」と思うよすがにはなっているのです。

そういうものが全部なくなって、「お金を損するから、もう灰にして撒《ま》いてくれ」とか、「東京湾《わん》でクルーズをして撒いてくれ」とか、「木の周りに撒いてくれ」とか言う人も増えてきています。そうすると、お墓も要らないし、葬式《そうしき》も要らないし、何百万円かを節約できることは確実ではあります。しかし、死んでからあと、〝路頭に迷う〟という感じではないけれども、どうしたらいいかが分からないのです。そうして迷っている人の数の多さが、もう今は半端《はんぱ》ではありません。

生きている間に唯物論《ゆいぶつろん》で、「死んだら終わりだ」ということを常識のように教わってきているので、死んだあとがあったならどう考えるかというと、あの世を信じないわけですから、「死んでない」と思うのです。

「死んでない」と思ったらどうするか――行く所がないのです。行く所がないから、生前の会社とか、自宅とか、病院とか、そのあたりにいっぱいいるわけです。

病院にお勤めの方もいらっしゃるとは思います。病院にもよるとは思いますし、

「真理の入った病院」はちょっとだけ違うと思いたいですが、「この世の病院」と「地獄の病院」が重なっている所もそうとう多いのです。

そこで死んだ患者《かんじゃ》がたくさんいる。それから、そこに勤めていたけれども亡《な》くなっているお医者さんや看護師さんもいらっしゃる。だから、三次元の病院とあの世の病院が一緒《いっしょ》に存在していて、生きている人と死んでいる人とが一緒に入院しているような状態が、あちらこちらでいっぱい見受けられます。

ホラー映画でやるような廃《はい》病院、潰《つぶ》れた病院なら、それらしいのですが、そうではない今ある病院でも、そういうところはあります。

彼らは行く所がないのです。そんなことは習っていないし、死後の世界なんか聞いていないし、信じていない。新聞を読んだって、ニュースを観《み》たって、そんなものは全然ないし、教科書でも習っていない。

八月十五日に戦没者《せんぼつしゃ》の慰霊《いれい》みたいなものをやっているとか、原爆《げんばく》記念日にそれをやっているとか、ときどきそういうものはあるけれども、「自分とは特に関係がないし」という状況でしょうか。そんな感じです。

結局、言いたいことは何かというと、肉体のコンディションを整えるための薬だとか食べ物だとか運動だとか、ヘルス（健康）のための道具だとか、いろいろなものが開発されて、この世が生きよくなるようにしてくれてはおり、それはそれで構わないのですが、「そのために忘れるものがあってはいけない」ということを言っているわけです。霊的なものを忘れてはいけないのです。

2　天国・地獄《じごく》は、今も厳然として存在する

食べても食べても満たされない「餓鬼《がき》地獄」

昔から餓鬼地獄《がきじごく》というものがあります。

今の日本では、食べ物がなくて飢《う》え死にする人というのは、よほどのことで、数が少ないと思います。「老人が一人で、誰《だれ》も看《み》てくれる人もいなくて、死んで何日かたっていた」というようなときは、「最期《さいご》に食べることができなかった」ということはあるかもしれませんが、路上生活者でもそういう人は少なくなってきていますので、餓鬼地獄といっても考えられないのです。

しかし、昔は飢饉《ききん》が来たり、いろいろなことで食べられない人は多かったので、

「餓鬼」というものが地獄にいるわけです。お腹《なか》が出て、あとは痩《や》せている――ちょうど、本当に世界の貧困地帯でまだ見受けられる風景です。

その餓鬼たちは、お経《きょう》に書かれているように、物を食べようとしても、口に入れようとしたら食べ物がバッと燃えてしまって、口に入らないのです。これは一つの象徴《しょうちょう》ではあります。

まあ、口を通ったところで、食べられないのです。だから、食べても満たされないのです。「食べても食べても満たされない」、こういう気持ちで生きています。飢え死にして死んだような方の場合は、そういう状態になります。

色情霊《しきじょうれい》など、地獄霊に憑依《ひょうい》されないためには、どうすればよいか

それから、赤鬼《あかおに》さんの登場あたりを境に、男女関係のことについても、厳しい話がそうとう出ていると思います（『色情地獄論』〔幸福の科学出版刊〕等参照）。

今日集まっている方（聴聞者のこと）は平均年齢《ねんれい》が五十歳《さい》をちょっと超《こ》えていらっしゃるので、もうそろそろどうでもいいかなと思っていて、「先生、どちらでもいいですよ、言ってください」と言うかもしれないけれども、二十代ぐらいになると、「いや、先生の言い方次第《しだい》によっては人生に大きく影響《えいきょう》が出ますので、それは困ります」とけっこう言われるかとは思います。

ただ、いちばんの問題は、やはり、「肉体的な男女の関係のほうに夢中になる、熱中する、そして『それがいちばん値打ちがあることだ』というふうに考えてばかりいると、霊的《れいてき》な視点がどんどん後退していく」ということです。

すると、死んであの世に還《かえ》った場合、色情霊《しきじょう》といわれますけれども、異性を強く求める心を生きているうちに持っていると、やはり死んだって〝ある〟わけです。感情としては残っているのです。

しかし、あの世で異性を求めても、肉体がないから、何も満たされません。先ほど言った餓鬼霊が食べ物を食べられないのと同じように、異性との歓楽《かんらく》を味わおうとしても、味わうことができないのです。

そうするとどうするかというと、一部の人たちは地獄界を抜《ぬ》け出して、いわゆるこの世の歓楽街で流行《はや》っている所や、あるいは、この世で生きている若い人で、異性に狂《くる》っているような人のところに取り憑《つ》くわけです。「波長同通《はちょうどうつう》の法則」で取り憑いています。こうして色情霊に取り憑かれると、異性に対してますます関心が増してくるわけです。

霊は、生きている人間に憑依《ひょうい》しているときだけ、人間として生きていたときのような感触《かんしょく》が、何となくというか、ちょっとだけ味わえるのです。まだ本物ではありませんけれども、ちょっとだけは味わえるので、それで出てきます。地獄から逃《に》げ出してきてはこの世に出てくる者がいるのです。

けれども、「波長同通の法則」がありますから、生きている人間のほうが、そういう気持ちが出てきたらすぐ反省したりして平静に戻《もど》るような心のコントロールができていると、心の波長が通じなくなりますので、彼らに取り憑かれたりすることはなくなります。

だから、「自分が本当に異性を求めて追いかけているのか、何かに取り憑かれてそれをやっているのかどうか」ということを、二十代、三十代ぐらいで、よくお考えください。自分が自分でなくなっていて、ほかの者の〝道具〟として使われているのなら、ちょっとそれは人間として恥《は》ずかしいことです。主体性がなくなっています。「自分の考えですか？　どうですか？」というところです。「このへんをチェックしてください」と申し上げています。

地獄についていちばん詳《くわ》しい仏教、未熟で甘《あま》いキリスト教・イスラム教

少し実例を挙げましたけれども、要するに、天国・地獄というのは厳然として

あります。これはもう、ごまかすことはできないのです。

地獄についていちばん詳《くわ》しいのは、やはり仏教です。仏教がいちばん詳しいのです。キリスト教になるとまだかなり甘《あま》いのです。

この世に出てきて憑依してくる悪霊《あくれい》・悪霊《あくりょう》・悪魔《あくま》等をエクソシストが祓《はら》ったりするのは、キリスト教もあることはあるのでよく知られてはいるのですけれども、それはあくまでも、この世に来て人間を狂わせているものです。この世の人間を殺したり自殺させたりする悪霊《あくりょう》を取り払《はら》うというようなことはやっているけれども、「実際に地獄がどうなっているか」のところをつかんでいるかというと、つかんでいないのです。キリスト教では十分ではありません。それは、イエスの「教えを説いた時間」が短くて三年程度しかなかったために、十分には説けていないのです。

また、地獄について説いているものが「地獄へ堕《お》ちて、永遠の業火《ごうか》に焼かれる」という感じの表現の仕方をしているから、キリスト教の人には、「地獄というのは、堕ちたらもう上がってこられないものだ」と思っている人が多いのです。永遠の業火――「業火」というのは「カルマの火」です――で焼かれ続けているというふうに思っています。要するに、「魂《たましい》が事実上なくなる」ということです。そして、「命の門は、キリスト教を信じて、入ること」というふうな感じであり、簡単に言えばそういう考え方です。

それにさらに、伝道のために「キリスト教以外では救われない」ということが追加されています。これは弟子《でし》の作業でしょう。しかし、これではキリスト教以外では救われないので、他の宗教の人たちが「いったいどこに行ったらいいんだ。行く所がない」ということになり、それで、「とりあえず、天国・天上界と地獄界の間に『煉獄《れんごく》』という世界があって、いったんここでプール（収容）されていて、異教徒、邪教徒《じゃきょうと》であっても、反省して、キリスト教にすがるようになって、教えに帰依《きえ》したら、天国には入れる、上がれる」というような〝ワンクッション〟を考えたわけです。

ダンテの『神曲《しんきょく》』にも「天国篇《へん》」「煉獄篇」「地獄篇」がありますけれども、仏教のほうでは、そうした煉獄ということは言いません。ですから、キリスト教のほうから見た場合の仏教の地獄というのはみんな、煉獄みたいに見えるわけです。

仏教では、地獄に堕ちたとしても、十分そこで反省させられて、悔《く》い改めた場合は、天上界《てんじょうかい》に上がれることになっているので、仏教における地獄というのは、キリスト教で言う煉獄みたいなものではあるのです。

キリスト教で言う地獄というものに当たるとすれば、底のほうにいて、千年、二千年と悪魔をやり続けている人たちです。そういう人は、そう簡単に上がってこられませんので、確かにもう上がれないのかもしれません。そのくらい大きな被害《ひがい》を人類に与《あた》えたような人はそういうこともあるかもしれませんけれども、仏教では基本的に、信仰《しんこう》によって救われることにはなっています。「信仰」と「反省」です。信仰を持ち、自分の過去を省《かえり》みることによって救われることになっているのです。

このへんにちょっと違《ちが》いがあり、キリスト教のほうが少し未熟なのだというふうに見ていいと思います。

イスラム教のほうも、やはり霊界描写《びょうしゃ》は少し甘いので、ムハンマドの霊体験が浅かったのかなと思います。

地獄のことも明確には書かれていないし、悪霊《あくりょう》としての「ジン」というのがいることが出てくるぐらいです。そして、イスラム教を信じて、精進《しょうじん》して正しく生きたら、あの世の天国に還るわけですが、「天国には小川が流れていて、お酒の川が流れている」というのです。――はあ、お酒の川がですか。

さらに、「そのお酒の川の周りには、美女ばかりの処女が侍《はべ》っている」というのです。――はあ、それが天国ですか。若干《じゃっかん》、怪《あや》しいでしょう。砂漠《さばく》の地帯だと思えば、お酒の川が流れているのも悪くはないのかなと思ったりすることもあるのですが、処女が侍っているというのは、どこかのキャバクラと間違っているのではないかと思うので、「それは本当に天国ですか」という疑いが若干ないわけではないのです。ムハンマドはキリスト教の勉強もしているから、イスラム教のほうにもちょっと入ってきているのかもしれませんが、描写から見るかぎりは少し甘いかなという感じはしています。

仏教がいちばん克明《こくめい》に地獄の描写をしているし、原因と結果の「因果《いんが》の理法《りほう》」を明確に説いております。「こういう場合に、こうなる」ということと「どういうふうにすれば天上界に上がってこられるのか」ということを明確に説いているのは、仏教だけなのです。ただ、昔の漢文とか、そういうものではもう古いので、現代語で話す必要があるかなと思って、私のほうで話をしております。

3　地獄《じごく》にさまざまな〝責め苦〟がある理由とは

どの地獄も「自分は霊体《れいたい》だ」と分からせるためにある

地獄《じごく》はもういっぱいあります。ちょっと近代化している部分もあるけれども、ありとあらゆるものはいちおうあります。

例えば、「釜茹《かまゆ》で」とかがありますけれども、「釜で煮《に》られる」などという地獄もあります。

日本昔話を見たら、釜茹での釜のなかはみな、お湯です。お湯を釜で焚《た》いてそのなかへ放り込《こ》まれるのですが、本式の中国式のものは油なのです。日本では油は貴重品であり、あまりなかったので、釜のなかはお湯なのです。

お湯を焚いているだけだと、百度までしか上がらないから、熱湯といっても百度です。それでも死にますけれども、ただ、油になると、何百度と上がっていきますから、揚《あ》がり方が違《ちが》います。天ぷらみたいにカリカリに揚がってしまう状態ですから、あちらのほうが〝ちょっときつい〟でしょう。

そういうことが書いてありますけれども、結局これも、釜茹ではきついなとは思いつつも、やはり、肉体を「自分だ」と思っている人に知らしめるためには必要なことであり、「自分は霊体《れいたい》なんだ。肉体じゃないんだ」と思えば、本当は熱くなんかないのです。けれども、「自分は肉体だ」と思っていれば、「これは茹だって大変なことになる」「熱いな」と思うのです。まあ、このへんです。

針の山もそうです。「針の山を上がらされる」とか、「針だけではなくて刀剣《とうけん》みたいなものが生《は》えている所も、鬼《おに》に追い立てられて歩かされる」とか、そういうときもあるし、血の池地獄でも、泳いだり、浮《う》かんだり、沈《しず》んだりすることもあります。

どれもこれも、やはり、「肉体中心のものの考え方」をしている人の考え方を改めさせるためにあるのです。「死んでも死ねない」ということを分からせるためにやっているということです。つまり、最初の段階の悟《さと》りを得てもらいたいために、そういう現象が出てくるということです。

ただ、一部、現代的になっているところはあります。

例えば、「黒縄地獄《こくじょう》」というものがあります。「黒い縄《なわ》」と書きますが、墨縄《すみなわ》のことです。昔の大工《だいく》さんが使っていたもので、柱にピシッと墨縄で墨を打って、それに沿って鋸《のこぎり》を挽《ひ》いていたというのがありますが、昔の仏典《ぶってん》を読めば、黒縄地獄では、そこに堕《お》ちた人の体に墨縄でピッピッピッピッと線を張っていって、それに合わせて鬼が鋸で挽くということになっています。

とはいえ、「黒縄地獄で五百年鋸挽きの刑《けい》」とか言われたら、挽かれるほうも大変だけれども、鬼のほうだって五百年も鋸で挽くのは大変で、そうとうな体力仕事であり、プロレスラーだって無理です。こんなのはとてもではないけれどもできません。

そのため、ちょっと近代化しているところでは、「病院型」のものが入ってきてはいます。こういうところは機械がないと言いつつも電気鋸《のこ》とかが入ってはいるのです。病院を経験されている方は、頭蓋骨《ずがいこつ》をくり抜《ぬ》いたりするのに電気鋸でやっていますから、それを知っている人のところには、ちょっとそういうものが出始めてはおります。

ただ、基本的には一緒《いっしょ》で、本当はそういうものはないのです。ないのですが、恐怖心《きょうふしん》でそういうものがあるように見えているだけのことなのです。

針の山だって今は、注射針の山みたいなものもないわけではありません。

そういうことで、当会が言っているところの「霊的人生観を持て」ということは、とても大事なことなのです。これは、間違いを悟るのに早いのです。これを持っていると、何が間違っていたかを悟るのがかなり早いので、ぜひ学んでください。

お布施《ふせ》を単なる消費者契約《けいやく》のように議論している人たちは、修行《しゅぎょう》としてお布施を出す行為《こうい》があることを分かっていない

私は「成功の法」も説いていますし、お金儲《かねもう》けのやり方もいろいろありますけれども、「お金はあの世に持って還《かえ》れない」というところだけが残念なところでしょう。

お金はあの世に持って還れないし、閻魔《えんま》様に賄賂《わいろ》を渡《わた》して許してもらうというのは、できないことになっているのです。残念ですが、この世でいくら蓄財《ちくざい》しても、それを持っていって閻魔様に渡して「許してくれ」というわけにはいかない

ことになっています。

だから、お金儲けは楽しいし成功感はあるけれども、「死んで持って還れないものだと知って、やってください」ということです。よいことを続けていくためにお金儲けをして、「この世で生きている間、社員の方々やいろいろな方々が生《なり》業《わい》を立てていくために、黒字が出て給料が出るのはありがたいことだ」と感謝を持って生きていければいいけれども、「最後は持って還れないぞ」ということは知っておいたほうがいいでしょう。

去年、問題になりましたお布施《ふせ》のことについても、単なる消費者契約《けいやく》みたいな感じで議論されているのを見ていて、「ああ、本当に分からない人たちなんだな」ということが分かるのです。

やはり、人からもらうのはみんな好きです。食べ物であろうがお金であろうが、もらえるのはうれしい。しかし、出すのはあまりうれしいものではない。だから、

「お布施」とか「植福《しょくふく》」とか、そういうものは修行《しゅぎょう》の一つなのです。

自分の持っているものを、十分の一であろうが、幾《いく》らであろうが出すというのは、やはり損したような感じになりますから、出したくはないでしょう。だから、「お布施を出す」ということも、修行の一部なのだということです。修行としてやっている行為《こうい》であるので、「いわゆる、消費者庁が監督《かんとく》するような消費行為ではない」のです。

例えば、正月元旦《がんたん》に神社に詣《もう》でて大学受験の合格祈願《きがん》をしたとします。ぜひ受かりたいから、普段《ふだん》より奮発して一万円をお賽銭箱《さいせんばこ》に投げ込んだ。ところが、三月になってみたら一校も受からなかった。「いやあ、けしからんことだ」ということで、神社へ行って、「こらあ、金返せ。祈願したのに受からなかったじゃないか。これはもう詐欺《さぎ》だ。返せ！」と言っても、これは通らないのです。

なぜ通らないかというと、それは、やはり、「本人の努力」、それから「客観的な実力」や「他の人もまた努力しているということ」を認める立場から決まっていくことだからです。

祈願をすること自体は悪いことではありませんけれども、神に誓《ちか》って努力する姿勢が大事なのです。そして、来た「結果」に対しては真摯《しんし》に受け止めて、勉強不足であったのなら勉強不足であることを反省して、さらなる挑戦《ちょうせん》をするなり、自分を生かせる別の道を選ぶなりすることです。それを選べという神意が出ているのです。

こういうものなので、法律万能《ばんのう》主義だけで「法治国家では、法こそ神である」という感じで思っているのだとしたら、「それはちょっと違います」ということは言っておきたい。

『地獄の法』の「法」は、国会でつくっている法とは違うもので、「変えられない法」です。〝人間がつくった法〟は、多数がつくれる法です。このへんに気をつけていただきたいなと思います。

4　世界大戦を引き起こさないために必要なこと

コロナ感染《かんせん》が人口の半分を超《こ》えたかもしれない中国

あとは、新春に当たりまして、今後向かうべき方途《ほうと》といいますか考え方についても言っておかねばならないかなとは思っています。

コロナも丸三年を超《こ》えました。三年ほど前に、まだ世界でコロナ感染者《かんせんしゃ》は一万人やそのくらいのときだったと思うのですけれども、「これは天文学的なところまで行きますよ」ということを言いました。実際、そのとおりになっています。

本当の数字はもうつかめないレベルです。みんな隠蔽《いんぺい》し始めて、本当のことは言わなくはなってきていますし、中国の数値が出てくる前、「世界には六億人以上のコロナ感染者がいる」と言っていましたが、去年の十二月の半ばぐらいに、「中国も二億五千万人、コロナ感染者がいる」という中国当局の資料が流出したのです。二億五千万人いるということは、それより以下ではありえないということです。その二倍か、もうちょっとあるかもしれないということでしょう。

実際に、四川省《しせんしょう》とかは六割以上コロナ感染者が出ていますし、中国の観光客がイタリアに入ったときに、中国からの航空機二機に乗っていた中国人客を調べたら、五割以上がコロナに罹《かか》っていたというのだから、だいたい見てみると、「半分を超えたかな」という感じはしています。中国は、人口十四億人で半分を超えたのなら、七、八億人ぐらいはコロナ患者《かんじゃ》を持っているということでしょう。

ただ、世界のコロナ感染者は、実数としてどのくらいいるかは知りませんが、もう十数億人から二十億人ぐらいは行っているかもしれないとは思います（説法当時）。

これも予想している範囲《はんい》内です。私の予想は、マックス「世界人口の半分の四十億人」までが範囲内なので、まだ行くかもしれません。

今、来ている第八波のコロナは、最初は「感染力が高くてインフルエンザみたいだが、致死《ちし》率は低い」と言われていたのですけれども、だんだん、「どうもそうではないらしい」と。去年の年末あたりになって、「去年（二〇二一年）までの十五、六倍ぐらい」というようなことを言い出しました。本当に十五、六倍もあるのでしょうか。それまでコロナに関係していろいろな死に方をしている人をカウントしていなかったのか、このへんのところのごまかし方は十分には分からないのですけれども、致死率が上がっていることは事実です。

コロナが続くなかでは「厳しい目」で経営や仕事をしてほしい

私は最初から「これはウィルス戦争だ」と見ていたので、「コロナウィルスを撒《ま》いたところがあるだろう」ということを最初から言っています。

今回のコロナウィルスは、コウモリのウィルスからつくられていることは分かっています。武漢《ぶかん》研究所から南（南西）に約二千キロぐらいの所にある洞窟《どうくつ》に棲《す》んでいる、コウモリが持っているウィルスの遺伝子にプラスして、免疫力《めんえきりょく》を著《いちじる》しく減退させて人を死にやすくする「エイズの遺伝子」が、混合されたかたちでつくられているものなので、「明らかに人工物」です。これは自然界で発生するものではありえません。微生物《びせいぶつ》というかウィルスの研究所で、「兵器」としてつくられたものです。

これは、核《かく》兵器を使う前の段階です。核戦争をしたら負けるから、分からないような戦い方をするときに、こういうウィルス戦争を仕掛《しか》けるのがやり方なのです。私は「これだ」と最初から思っていました。

だから、知られないようにやるつもりであったのだろうと思うのですが、三年少し前の年末に、武漢にある魚《うお》市場で突然《とつぜん》感染が出て、患者が出たということがあったのです。

これは「宇宙情報」なのですけれども、私は三年少し前の二〇一九年十二月の終わりぐらいに、「海外に撒こうとしているものを、中国国内で、事故で流出させたのだ」「警告のために、させたのだ」ということを聞いておりました。

そのあと、中国のほうはゼロコロナ政策のようなものでずっと来ていたのですけれども、私のほうが「YES、Uターン」風に、「コロナUターン」を一年少し前にかけたのです。去年、霊言《れいげん》（『石原慎太郎の霊言』〔幸福の科学出版刊〕参照）で一部〝バラされて〟しまいましたが、「もとに返れ」という祈願《きがん》を内緒《ないしょ》でかけました。みんなにやらせると〝バレる〟から、内緒でかけたのです。そうしたら、あちらに返っているわけです。

ただ、中国のなかで、もし七億も八億も感染者が出ると、いろいろな人種がいるので、これがまたなかで混ざるでしょう。そして観光客として海外へいっぱい出てくると、また少し違《ちが》ったかたちの変異種による「第九波」が来るかもしれません。そういう可能性が出てきたので、戦いはまだ続くものだと思います。

私は最初から「コロナは五年ぐらい」と言っているので、あと二年ぐらいは続くでしょう。

今年は、〝明るいニュース〟をいっぱい流すだろうと思います。そうなってほしいですから、「観光が活発になった」とか、「商売が元どおりになった」とか、「景気がよくなった」とか、「株価が年末には三万、四万まで行く」とか、いっぱい出てくるとは思うのですけれども、簡単に騙《だま》されないようにしてください。まだまだ来ますので、終わっていないのです。

終わっていないから、「厳しい目」でもって、経営とか仕事とかはしてください。危ない。まだまだ危ないのです。

世界で対立軸《じく》ができ、「世界大戦の構造」ができつつある

この「コロナ・ウォー」「コロナ戦争」は第三次世界大戦の様相を一つ持っているのだけれども、ここで、もう一つ〝ヘボ手〟を打っています。中国から出たものであるのに、バイデン大統領になってから、ロシアと戦争を始めた状態に今はなっています。

要するに、相手が違うのです。アメリカ人がコロナで百十万人死んでいますけれども（説法当時）、百十万人も殺されたら本当は戦争になるはずなのです。戦争の相手がちょっと違うように思うのです。

バイデンさんのほうは中国から〝賄賂《わいろ》をいっぱいもらっている〟から、ロシアを仮想敵にして、ウクライナを経由して戦争をやっています。「NATO《ナトー》対ロシア」みたいな構図をつくって「中国外し」をやっているので、また〝複雑骨

折〟した状態になって戦いが始まっています。

あまり頭のいい人ではないのか、それとも本当に悪い人なのか、ちょっと私にはよく分からないのです。アメリカの大統領になるぐらいの人だから、本当は頭がいいのかもしれません。ほかの人には分からないぐらい頭がよすぎてバカに見えるのかなと思ったりすることもあるのですけれども、やはり、「中国の〝コロナ兵器〟で百十万人死んだのに、ロシアに攻撃《こうげき》を仕掛けるというのは、どんな頭をしているんだろう」と思います。

今、彼は戦いたいらしいから、今朝（二〇二三年一月八日）の新聞を見ても、「四千億円をウクライナに援助《えんじょ》して、戦車を五十両送る」とかやっています。

普通《ふつう》は、強いものが弱いものを攻撃したら、「強いもののほうが悪いので、弱いものを助けるのは正義」というのが一般《いっぱん》のワンパターンの考え方ですけれども、このままで行くと、戦争は去年の二月から始まっていますが、まだ今年いっぱい間違いなく続きます。長期化することで、死ぬ人の数がどんどんどんどん増えていきます。

「戦争」ということだけ取れば、ロシア側にもウクライナ側にも死者はたくさん出ますので、地獄界《じごくかい》は出ると思います。それはどうでしょうか――阿鼻叫喚《あびきょうかん》地獄みたいなものがいっぱい出るだろうと思います。あまり好ましいことではありません。あまり好ましいことではないので、どこかの時点で停戦していただきたいと思っているのです。ただ、価値観が対立しているので、そう簡単にはいかないこともあろうかとは思います。

ゼレンスキーさんを英雄扱《えいゆうあつか》いする向きも多いのですけれども、私にはどうしても、そういうふうには見えないのです。何かすごく悪いことを考えているような感じがしてしょうがない。「ウクライナを助けろ」と言っているのは、大統領として当然なのかもしれないけれども、世界大戦を引き起こしたくてしょうがないように見えるのです。

世界の金《かね》と軍事物資等を集めて、「大砲《たいほう》だ。ミサイルだ。戦車だ」といっぱい援助させて、ロシアとの代理戦争をやり、一方、ロシアのほうは今、中国や北朝《きたちょう》鮮《せん》やイラン等ともつながってきて、対立軸《じく》ができつつあります。「冷戦構造」だったものがもう一回出来上がってきているので、「世界大戦の構造」ができつつあるのです。

これは最悪です。今、いちばん悪いパターンができてきつつあるので、「ああ、バイデンさんの頭だとこうなるんだ」と思って、悲しくなります。トップの不在というか、トップの能力の不在は、日本だけではないということです。

ウクライナの大統領は、岸田《きしだ》さんと電話会談したりして、「岸田さん、ぜひウクライナを見に来てくれ」とか言っていました。行ったら、また金を撒くのはもう分かっているのですが、そんなことをしていたら、「終わらない戦い」になります。

だから、やはり早く終わらせたほうがいいと思います。

核《かく》兵器が本当に使われる可能性はあるか

ロシアとウクライナは、もともと一緒の国だったのだから、それほど、私たちが考えているような外国同士の戦いではなく、近親憎悪《ぞうお》にちょっと近いものです。ロシア系の人もかなり多いところですし、ゴルバチョフ元大統領の奥《おく》さんもウクライナ人です。だから、そんなに外人という感じはない関係なのです。

「EUに入りたかった」という大統領の個人的な気持ちは分かるけれども、NATOが拡大していくということは、「ロシア包囲網《ほういもう》」なのです。アメリカにとっては、NATOを使ってロシアを滅《ほろ》ぼす戦略になるから、ロシアが抵抗《ていこう》するのは見えていたことなのに、彼は個人的な気持ちのほうを優先したわけです。こうした大局が見えなかったのではないかなと思います。中立を宣言していれば、そうはならなかったでしょう。

今は「停戦したほうがいい」と言うとどうなるでしょうか。大阪《おおさか》の知事と市長をやった橋下《はしもと》氏が、今は政治家ではないのだろうけれども、そういうようなことを言ったら〝ネット炎上《えんじょう》〟したと言われています。

私は〝炎上〟しないのです。そんなものを見ないことにしているから、全然〝炎上〟しません。私のは、「違うところから来ている情報」ですので、〝炎上〟しないのです。

最後はどうかというと、もうそれはアメリカまで代理戦争で投入してきて戦ったら、私は「最後はロシアはやはり核《かく》兵器を使う」と思っています。おそらく使うでしょう。去年から言っていますけれども、「年内に使う可能性は極《きわ》めて高い」と思います。「まず戦術核から使う」と思います。

ロシアは、ロシア正教のクリスマスに、休戦、停戦を呼びかけていました。ウクライナは同じくロシア正教の国なのです。同じ宗教を信じている者同士が戦っているのです。このあたりも一つのシグナルではあるので、何とか、考え方をまとめるべきときが来ているのではないかと思っていますが、世界が二極分解して対立したいのなら、もうそれは文明の崩壊期《ほうかい》に入っているので、行くところまで行くかもしれません。

私の予想としては、もし援助を続けるのだったら、ウクライナという国はたぶんなくなるでしょう。国自体がなくなると思います。それは、確実になくなると思います。その次は、ＥＵのほうが崩壊しないように必死の防衛線を引かなければいけなくなると思います。

バイデンさんの場合、基本的に、「自分たちは安全なところにいて、ちょっとだけ援助する」「自分たちは負けないで、よそが負けても関係ない」というスタイルなので、危険です。

5　西暦《せいれき》二〇五〇年までの世界の変化と幸福の科学の使命

軍事的戦力分析《ぶんせき》から日本が絶対に避《さ》けるべき「最悪のパターン」とは

この（ロシア―ウクライナ問題における代理戦争の）スタイルと、台湾《たいわん》とか韓国《かんこく》や日本の問題とを同じように見ることが多いのです。

右翼《うよく》言論人たちも同じような見方をしていることが多く、「幸福の科学や幸福実現党にはがっかりした。台湾問題で中国と戦って防衛するというのなら、これは（ロシアと）戦わなければいけないだろう」とか言っています。右翼言論人等も「幸福の科学はちょっとけしからん」とか言っているところもあって、私たちは右翼でも左翼でもなくなってしまっている状態ではあるのです。

けれども、これについては、簡単に言うと、「軍事的戦力分析《ぶんせき》で見て、北朝鮮《きたちょうせん》と中国とロシアの三カ国と戦うというのは、今の日本では絶対に避《さ》けるべき最悪のパターンである」ということです。憲法九条があって、核《かく》兵器も持っていない。そして、この三カ国とも核兵器を持っている。これと戦うというのは絶対にやめるべきです。

だから、本来は、安倍《あべ》外交の続きで、ロシアのほうを手繰《たぐ》り寄せて、何とか取り込《こ》まなければいけなかったのです。ロシアを日本のほうに手繰り寄せることができれば、中国は背後に核兵器を持ったロシアがいることになるので、そんなに動けないのです。世界制覇《せいは》に出られないのです。

「そこを分断すべきだ」と言っていたのですけれども、頭が悪いのかどうか、分かってくれないので、もうしかたがありません。最悪のパターンのほうに向かっているかもしれません。

今後、北朝鮮《きたちょうせん》や中国を待ち受ける未来のゆくえは

ただ、私の感じとして申し上げますと、もし、「このまま武器援助《えんじょ》を続けて停戦を絶対にしない。ゼレンスキーが英雄《えいゆう》になることのほうを選ぶ」というなら、ウクライナという国はたぶんなくなると思いますが、もう一つ言えば、私の考えでは、北朝鮮《きたちょうせん》という国もなくなると思います。

（アメリカは）これを絶対許さないはずです。許せないのです。あんな小さな二千万人ぐらいの国が、原爆《げんばく》、水爆まで持って、ミサイルをポンポン撃《う》ち、さらに次は、核ミサイルを撃つかどうかの段階でしょう。そして、米軍基地やアメリカ本土も狙《ねら》えるというのです。これは絶対に潰《つぶ》されると思います。いつになるとは言えませんが、あちらも、「それを断念する」ということを金正恩《キムジョンウン》氏が決断して、国を開けば助かる道はありますけれども、強国を目指してやるなら、ここも

なくなる可能性はあると思います。

私の予想は、路線を変えれば違《ちが》いますけれども、変えなければ、ウクライナという国はなくなります。そして、北朝鮮という国も必ず潰されて、なくなります。地上から消えます。

中国という国は、これ自体はなくなりませんけれども、今、コロナが流行《はや》って、統制型の囲い込み政策が失敗に入って、「習近平引退《しゅうきんぺいいんたい》」も言い始めています。おそらく、コロナの逆流と、あと、この前のワールドカップとかを観《み》て、みんなマスクをしていないのを見てしまったことで、中国人が「これはおかしい」と思い始めたようなのです。

そろそろ、幸福実現党が言っているような「自由・民主・信仰《しんこう》の価値観」が、中国のほうでも奔流《ほんりゅう》のように出てきて、なかが割れてくると思います。南部と北部、それからウイグル自治区、チベット自治区、内モンゴル自治区等に割れてくると思います。

しばらく混沌《こんとん》が来るかもしれません。国自体は滅《ほろ》びませんけれども、今の一枚岩みたいな感じの国ではなくなるのが、これから来るものだと考えています。

「二〇五〇年ぐらいまでに決着はつく」と思っている

そうした設計図を引くに当たりまして、世界人口は八十億人を超《こ》えたところですけれども、「西暦《せいれき》二〇五〇年までに――今は二〇二三年ですから、あと二十七年ぐらいです――もしかしたら四十億人ぐらいまで減る可能性もあり」ということまでいちおう考えた上で、今、世界の方向性を変えようとしております。

私が講演を始めたときには「世界五十億人」と言っていたので、三十億人も増えたわけです。松下幸之助《まつしたこうのすけ》さんの本とかを読んでいたら「世界三十億人」と書いてあったから、彼のときはまだ三十億人でした。それからだと五十億人も増えたわけです。

この増えた人たちが、地上だけが全世界だと思って、地上の陣地《じんち》取りと地上での利便性と唯物論《ゆいぶつろん》的な繁栄《はんえい》だけを求めるようになったら、「転生輪廻《てんしょうりんね》をして魂修《たましいしゅ》行《ぎょう》をするという神の計画」と「地球という星の持っているところの宇宙的な意味合い」としては、地球は魂の教育をする場として非常に貴重な場であるので、地球人だけの勝手にはさせないという力も働いてくると思っております。

ですから、「二〇五〇年ぐらいまでには、決着はつく」と思っております。

ただ、そのためにはもうちょっとだけ時間がかかりますので、私は、家内から尻《しり》を叩《たた》かれながら、「最低、九十歳《さい》まで現役《げんえき》で働いてください。できたら九十五歳まで働いてください」と言われています。九十三歳ぐらいまで働けば二〇五〇年ぐらいが来るのではないかと思うのですが、「そのあとは、存在しているだけでもいいから百歳まで頑張《がんば》ってください」とか言われているのです。

もしかしたら九十代は車椅子《くるまいす》説法《せっぽう》とかになっている可能性があるのですが、立ってしゃべっても、座《すわ》ってしゃべっても、大して変わりません。頭だけしっかりしていれば、いけます。

私が粘《ねば》っていたほうがいいのではないかと思うので、できるだけ粘ります。それに付け加えまして、信者のみなさまがたは負担が増えると思って怒《おこ》られるかもしれませんが、幸福の科学の職員のほうも定年を延長することにしました。「もう役に立たない坊主《ぼうず》は早くさっさと還俗《げんぞく》させてほしい」という声のほうも強くなる可能性がないことはないでしょう。

また、一般《いっぱん》社会では、六十歳とかでまだけっこう定年と言っているし、（定年を延長して）六十五歳ぐらいでも、一生懸命《いっしょうけんめい》、退職をさせています。しかし、やはり、国の年金で養ってもらう僧侶《そうりょ》がいっぱい出てくるのは、ちょっとよろしくないと思うのです。

幸福の科学としてはインディペンデント（独立した状態）でなければいけません。自分たちである程度生きていけるようにしておかないと、言いたいことが言えないので、できるだけ独立していたいと思っています。

宗教家というのは、年を取ったほうが値打ちが出てくることのほうが多いのです今日来ている会員のみなさまがた（聴聞者《ちょうもんしゃ》のこと）は、年齢《ねんれい》はお若いのですけれども、それでも平均年齢が五十歳を超えています。とか三十代ばかりだと、「若干《じゃっかん》、人生相談とかをしにくいな」「説法を聴《き》くのはちょっとつらいな」ということもあろうかと思うのです。

ただ、職員のなかにも〝三十年選手〟がだいぶ出てきています。そういう方々は機械とか書類業務とかはそんなに得意ではもうなくなっているとは思うのですけれども、講話をしたり、人生相談をしたり、祈願《きがん》をしたり、お経《きょう》を読んだりすると、若い人よりは、やはり、年齢や経験を経《へ》た人のほうが効き目が大きいので、そういう方々も、できるだけ残っていただこうかなと思っています。

だから、職員の定年は一般社会と全然違い、〝ぶっ飛んで〟いて、普通《ふつう》で七十五歳、管理職なら八十歳まで伸《の》ばして、さらに、八十歳でまだ能力があって元気な人は、五歳伸ばして八十五歳まで伸ばします。

これはもちろん、私は九十歳までやるつもりで、伸ばしているわけです。私が九十歳で、その下は六十歳以下しかいないと、ちょっと寂《さみ》しくて、いられないのです。ちょっとだけ残しておかないと、いられないところもあるし、役に立つからです。やはり、六十、七十、八十と年を取ると、人を叱《しか》ったり、お説教したりしても、相手はちゃんとそれが聞けるようになります。年齢も必要なのです。

職員の給料は安いですが、国の税金を使わないで長く教団で働いていただくという方針を取りました。「これで二〇五〇年までにけりをつけてやる」と思っておりますので、どうか、ご支援のほどお願い申し上げます。

『地獄《じごく》の法』を中心に、間違《まちが》った世の中を正すべく戦い続ける

そういうことで、今年（二〇二三年）は『地獄《じごく》の法』を中心に行きますが、ちょっとは世の中を変えないといけません。

地獄があるかについては、たぶん二十パーセントも支持がないでしょう。しかし、これは間違《まちが》っているのです。あるものは厳然としてあるので、間違っているなら正すべきだと思います。

教科書にも書いていないし、学校の先生に訊《き》いてもたぶん反対するし、文部科学省にしてももう全然分かっていない状態なのです。「宗教がつくっている学校で、霊言集《れいげんしゅう》が出ているから、学問ではない」とか言っているのはみんな、これはもう本来なら〝死刑《しけい》〟に当たるようなものでしょう。〝死刑〟にしなければいけないのでしょうけれども、現代だからできないのです。

許しがたい世の中であるので、やはり、あと三十年でも四十年でも〝弾《たま》〟を撃ち続けなければいけないと思っていますし、外国でも支部はできていますが、まだまだ弱いので、もっともっと強くしていく必要はあると思っています。

たとえ、新宗教を含《ふく》めて、キリスト教、仏教、イスラム教、その他、伝統宗教までが滅びようとも、幸福の科学はやはり、まだまだ戦い続けると――。そのつもりで、みなさまがたの強い応援をお願いしたいと思います。

『真実を貫く』関連書籍

『地獄の法』（大川隆法 著　幸福の科学出版刊）
『小説　地獄和尚』（同右）
『ダークサイド・ムーンの遠隔透視』（同右）
『色情地獄論――草津の赤鬼の霊言――』（同右）
『色情地獄論②――草津の赤鬼　戦慄の警告――』（同右）
『石原慎太郎の霊言』（同右）

真実《しんじつ》を貫《つらぬ》く ── 人類の進むべき未来 ──

2024年 2 月16日　初版第 1 刷
2024年 3 月19日　　　　第 3 刷

著　者　　　大《おお》　川《かわ》　隆《りゅう》　法《ほう》

発行所　　幸福の科学出版株式会社

〒107-0052 東京都港区赤坂 2 丁目 10 番 8 号
TEL(03)5573-7700
https://www.irhpress.co.jp/

印刷　株式会社 研文社
製本　株式会社 ブックアート

落丁・乱丁本はおとりかえいたします

ISBN978-4-8233-0422-4 C0014

大川隆法ベストセラーズ・人類を導く永遠の真理

太陽の法

エル・カンターレへの道

創世記や愛の段階、悟りの構造、文明の流転を明快に説き、主エル・カンターレの真実の使命を示した、仏法真理の基本書。23言語で発刊され、世界中で愛読されている大ベストセラー。

2,200円

永遠の法

エル・カンターレの世界観

すべての人が死後に旅立つ、あの世の世界。天国と地獄をはじめ、その様子を明確に解き明かした、霊界ガイドブックの決定版。

2,200円

幸福の法

人間を幸福にする四つの原理

真っ向から、幸福の科学入門を目指した基本法。愛・知・反省・発展の「幸福の原理」について、初心者にも分かりやすく説かれた一冊。

1,980円

仏陀再誕

縁生の弟子たちへのメッセージ

我、再誕す。すべての弟子たちよ、目覚めよ――。2600年前、インドの地において説かれた釈迦の直《じき》説金口《せっこんく》の教えが、現代に甦《よみがえ》る。

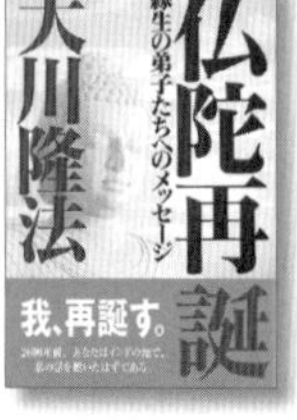

1,923円

〔携帯版〕

880円

〔携帯版〕

※表示価格は税込10%です。

大川隆法ベストセラーズ・主なる神エル・カンターレを知る

メシアの法

「愛」に始まり「愛」に終わる

「この世界の始まりから終わりまで、あなた方と共にいる存在、それがエル・カンターレ」──。現代のメシアが示す、本当の「善悪の価値観」と「真実の愛」。

2,200円

信仰の法

地球神エル・カンターレとは

さまざまな民族や宗教の違いを超えて、地球をひとつに──。文明の重大な岐路に立つ人類へ、「地球神」からのメッセージ。

2,200円

永遠の仏陀

不滅の光、いまここに

すべての者よ、無限の向上を目指せ──。大宇宙を創造した久遠の仏が、生きとし生けるものへ託した願いとは。

1,980円

〔携帯版〕

1,320円

〔携帯版〕

信仰のすすめ

泥中の花・透明な風の如く

どんな環境にあっても、自分なりの悟りの花を咲かせることができる。幸福の科学の教え、その方向性をまとめ、信仰の意義を示す書。

1,650円

幸福の科学出版

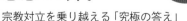

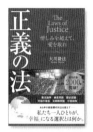

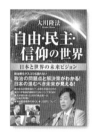

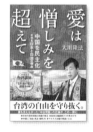

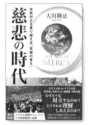

大川隆法ベストセラーズ・救世の獅子吼

幸福の科学の十大原理（上巻）

エル・カンターレ「教えの原点」

救世主、立つ――。世界169カ国以上に信者を有する「世界教師」の記念すべき初期講演集。全国に熱心な信者をつくった熱い言魂の獅子《しし》吼《く》がここに。

1,980円

幸福の科学の十大原理（下巻）

エル・カンターレ「救世の悲願」

人生とは？　心とは？　祈りとは？　神とは？　人類が求めていた疑問への答え、そしてその先へ――。変わることのない永遠の真理が説かれた、熱き真実のメッセージ。

1,980円

大川隆法　東京ドーム講演集

エル・カンターレ「救世の獅子吼」

全世界から5万人の聴衆が集った情熱の講演が、ここに甦る。過去に11回開催された東京ドーム講演を収録した、世界宗教・幸福の科学の記念碑的な一冊。

1,980円

われ一人立つ。大川隆法第一声

幸福の科学発足記念座談会

著者の宗教家としての第一声、「初転法輪《しょてんぼうりん》」の説法が書籍化！　世界宗教・幸福の科学の出発点であり、壮大な教えの輪郭が説かれた歴史的瞬間が甦る。

1,980円

※表示価格は税込10％です。

大川隆法ベストセラーズ・死後の世界の真実

復活の法

未来を、この手に

死後の世界を豊富な具体例で明らかにし、天国に還るための生き方を説く。ガンや生活習慣病、ぼけを防ぐ、心と体の健康法も示される。

1,980円

エル・カンターレ 人生の疑問・悩みに答える 地球・宇宙・霊界の真実

シリーズ第7弾

世界はどのように創られたのか？ 宇宙や時間の本質とは？ いまだ現代科学では解明できない「世界と宇宙の神秘」を明かす28のQ＆A。シリーズ第7弾。

1,760円

永遠の生命の世界

人は死んだらどうなるか

死は、永遠の別れではない。死後の魂の行き先、脳死と臓器移植の問題、先祖供養のあり方など、あの世の世界の秘密が明かされた書。

1,650円

死んでから困らない生き方

スピリチュアル・ライフのすすめ

この世での生き方が、あの世での行き場所を決める──。霊的世界の真実を知って、天国に還る生き方を目指す、幸福生活のすすめ。

1,430円

幸福の科学グループのご案内

宗教、教育、政治、出版などの活動を通じて、地球的ユートピアの実現を目指しています。

幸福の科学

一九八六年に立宗。信仰の対象は、地球系霊団の最高大霊、主エル・カンターレ。世界百六十九カ国以上の国々に信者を持ち、全人類救済という尊い使命のもと、信者は、「愛」と「悟り」と「ユートピア建設」の教えの実践、伝道に励んでいます。

（二〇二四年三月現在）

愛

幸福の科学の「愛」とは、与える愛です。これは、仏教の慈悲《じひ》や布施《ふせ》の精神と同じことです。信者は、仏法真理をお伝えすることを通して、多くの方に幸福な人生を送っていただくための活動に励んでいます。

悟り

「悟り」とは、自らが仏の子であることを知るということです。教学《きょうがく》や精神統一によって心を磨き、智慧《ちえ》を得て悩みを解決すると共に、天使・菩薩《ぼさつ》の境地を目指し、より多くの人を救える力を身につけていきます。

ユートピア建設

私たち人間は、地上に理想世界を建設するという尊い使命を持って生まれてきています。社会の悪を押しとどめ、善を推し進めるために、信者はさまざまな活動に積極的に参加しています。

幸福の科学の教えをさらに学びたい方へ

心を練る。叡智《えいち》を得る。
美しい空間で生まれ変わる──

幸福の科学の精舎《しょうじゃ》

幸福の科学の精舎《しょうじゃ》は、信仰心《しんこうしん》を深め、悟《さと》りを向上させる聖なる空間です。全国各地の精舎では、人格向上のための研修や、仕事・家庭・健康などの問題を解決するための助力が得られる祈願《きがん》を開催《かいさい》しています。研修や祈願に参加することで、日常で見失いがちな、安らかで幸福な心を取り戻《もど》すことができます。

総本山・正心館

総本山・未来館

総本山・日光精舎

総本山・那須精舎

東京正心館

全国に27精舎を展開。

運命が変わる場所 ──

幸福の科学の支部《しぶ》

幸福の科学は1986年の立宗《りっしゅう》以来、「私、幸せです」と心から言える人を増やすために、世界各地で活動を続けています。
国内では、全国に400カ所以上の支部が展開し、信仰《しんこう》に出合って人生が好転する方が多く誕生しています。
支部では御法話拝聴会、経典学習会、祈願、お祈り、悩み相談などを行っています。

海外支援・災害支援

幸福の科学のネットワークを駆使し、世界中で被災地復興や教育の支援をしています。

毎年２万人以上の方の自殺を減らすため、全国各地でキャンペーンを展開しています。

公式サイト **withyou-hs.net**

自殺防止相談窓口

受付時間　火～土:10～18時（祝日を含む）

TEL **03-5573-7707**　メール **withyou-hs@happy-science.org**

視覚障害や聴覚障害、肢体不自由の方々と点訳・音訳・要約筆記・字幕作成・手話通訳等の各種ボランティアが手を携えて、真理の学習や集い、ボランティア養成等、様々な活動を行っています。

公式サイト **helen-hs.net**

入会のご案内

幸福の科学では、主エル・カンターレ 大川隆法総裁が説く仏法真《ぶっぽうしん》理《り》をもとに、「どうすれば幸福になれるのか、また、他の人を幸福にできるのか」を学び、実践しています。

入会

仏法真理を学んでみたい方へ

主エル・カンターレを信じ、その教えを学ぼうとする方なら、どなたでも入会できます。入会された方には、『入会版「正心法語《しょうしんほうご》」』が授与されます。

入会ご希望の方はネットからも入会申し込みができます。

happy-science.jp/joinus

三帰《さんき》誓願《せいがん》

信仰をさらに深めたい方へ

仏弟子としてさらに信仰を深めたい方は、仏《ぶっ》・法《ぽう》・僧《そう》の三宝《さんぼう》への帰依を誓う「三帰誓願式」を受けることができます。三帰誓願者には、『仏説・正心法語』『祈願文《きがんもん》①』『祈願文②』『エル・カンターレへの祈り』が授与されます。

幸福の科学 サービスセンター

TEL 03-5793-1727

受付時間／
火～金：10～20時
土・日祝：10～18時
（月曜を除く）

幸福の科学 公式サイト

happy-science.jp

幸福実現党

内憂外患《ないゆうがいかん》の国難に立ち向かうべく、2009年5月に幸福実現党を立党しました。創立者である大川隆法党総裁の精神的指導のもと、宗教だけでは解決できない問題に取り組み、幸福を具体化するための力になっています。

幸福実現党　党員募集中

あなたも幸福を実現する政治に参画しませんか。

＊申込書は、下記、幸福実現党公式サイトでダウンロードできます。
住所：〒107-0052
東京都港区赤坂2-10-8 6階 幸福実現党本部

TEL 03-6441-0754　FAX 03-6441-0764
公式サイト hr-party.jp

HS政経塾

大川隆法総裁によって創設された、「未来の日本を背負う、政界・財界で活躍するエリート養成のための社会人教育機関」です。既成の学問を超えた仏法真理を学ぶ「人生の大学院」として、理想国家建設に貢献する人材を輩出するために、2010年に開塾しました。これまで、多数の地方議員が全国各地で活躍してきています。

TEL 03-6277-6029
公式サイト hs-seikei.happy-science.jp

仏法真理塾「サクセスNo.1」

全国に本校・拠点・支部校を展開する、幸福の科学による信仰教育の機関です。小学生・中学生・高校生を対象に、信仰教育・徳育にウエイトを置きつつ、将来、社会人として活躍するための学力養成にも力を注いでいます。

TEL 03-5750-0751（東京本校）

エンゼルプランV

東京本校を中心に、全国に支部教室を展開。信仰をもとに幼児の心を豊かに育む情操教育を行い、子どもの個性を伸ばして天使に育てます。

TEL 03-5750-0757（東京本校）

エンゼル精舎

乳幼児が対象の、託児型の宗教教育施設。エル・カンターレ信仰をもとに、「皆、光の子だと信じられる子」を育みます。

（※参拝施設ではありません）

不登校児支援スクール「ネバー・マインド」

TEL 03-5750-1741

心の面からのアプローチを重視して、不登校の子供たちを支援しています。

ユー・アー・エンゼル!（あなたは天使!）運動

障害児の不安や悩みに取り組み、ご両親を励まし、勇気づける、障害児支援のボランティア運動を展開しています。

一般社団法人 ユー・アー・エンゼル

TEL 03-6426-7797

NPO活動支援

学校からのいじめ追放を目指し、さまざまな社会提言をしています。また、各地でのシンポジウムや学校への啓発ポスター掲示等に取り組む一般財団法人「いじめから子供を守ろうネットワーク」を支援しています。

公式サイト mamoro.org　ブログ blog.mamoro.org

相談窓口 TEL.03-5544-8989

百歳まで生きる会～いくつになっても生涯現役～

「百歳まで生きる会」は、生涯現役人生を掲げ、友達づくり、生きがいづくりを通じ、一人ひとりの幸福と、世界のユートピア化のために、全国各地で友達の輪を広げ、地域や社会に幸福を広げていく活動を続けているシニア層（55歳以上）の集まりです。

【サービスセンター】TEL 03-5793-1727

シニア・プラン21

「百歳まで生きる会」の研修部門として、心を見つめ、新しき人生の再出発、社会貢献を目指し、セミナー等を開催しています。

【サービスセンター】TEL 03-5793-1727